염주 한 알에 담긴 지극한 부처님의 말씀
세상에서 가장 아름다운 인연,
108산사순례

염주 한 알에 담긴 지극한 부처님의 말씀
세상에서 가장 아름다운 인연,
108산사순례

초판 1쇄 | 2011년 10월 25일
지은이 | 선묵혜자 스님
펴낸이 | 김성희
펴낸곳 | 아침단청

출판등록 | 2011년 3월 28일(제2011-15호)
주소 | 서울시 광진구 능동 279-3 길송빌딩 7층
전화번호 | 02-466-1207
팩스번호 | 02-466-1301
전자우편 | thedancheong@gmail.com

copyright©The Dancheong, 2011, printed in Korea
이 책의 저작권은 저자와 출판사에 있습니다.
서면에 의한 저자와 출판사의 허락 없이 책의 전부 또는 일부 내용을 사용할 수 없습니다.

ISBN : 978-89-966220-2-4 03220

저자와의 협의에 의해 인지는 붙이지 않습니다.
잘못 만들어진 책은 구입처나 본사에서 교환해 드립니다.

선묵혜자 지음

세상에서 가장 아름다운 인연,

108
산사순례

아침단청

책을 펴내며

108산사순례,
그 9년간 대장정의 산 기록

108산사순례를 한 지도 벌써 5년, 나와 우리 기도회 회원들은 모두 순례자가 되었다. 성지순례를 완수한 사람은 '지옥에 가지 않는다'는 말도 있듯이 인도·티베트·일본 등 불교국가들은 '내생의 안락'을 발원하고 잘못을 참회하고 청정한 세계에 들기 위해 살아 있는 동안 순례를 끊임없이 다닌다.

이와 달리, 우리나라의 순례 문화는 거의 활성화되어 있지 않다. 내가 '108산사순례'를 시작한 계기로 한국불교가 새 포교의 장을 마련했다는 것에 큰 기쁨을 느낀다.

산사는 부처님의 청정법신이 머무는 곳이기 때문에 자신이 지은 업과 죄, 무거운 짐들을 내려놓고 이 지상의 가장 아름답고 깨끗한 마음으로 기도를 올리는 장소이다. 또한 세속에 묻은 마음의 때를 벗기는 곳이기도 하다. 그 마음의 안식처를 찾아가는 길이 바로 '108산사순례'이다.

　극락은 멀리 있는 게 아니다. 우리가 한 달에 한 번씩 찾아가는 산사가 바로 극락정토이다. 그곳에서 맑은 공기와 맑은 물을 마시고 새소리를 들으며 감로수와 같은 큰스님들의 법문을 듣는 일 그 자체가 하나의 수행이다.

　우리는 인생을 살다보면 참으로 '아름다운 인연'들을 많이 만난다. 나에게 있어 인연들 중 첫 번째 인연은 연꽃 같은 깊디 깊은 진리의 가르침을 주셨던 부처님과의 인연이며, 두 번째는 바로 '108산사순례' 길에 나선 회원들과의 소중한 인연이다.

　그동안 순례를 하며 느낀 심경을 담담하게 소회所懷한 것들로서 신문에 연재한 글이다. 지난 순례에 대한 생생한 산産 기록들이라 할 수 있기 때문에 새로운 감흥을 불러일으킬 것이다. 그리고 순례의 진정한 의미를 되새길 수 있는 책이기 때문에 회원들은 물론, 불자들도 꼭 읽어야 한다.

　끝으로 이 책을 펴내는 데 많은 도움을 주신 모든 분들에게 감사를 드리며 특히 '108산사순례'의 영감을 주셨던 은사 청자 담자 청담 큰스님께 이 책을 올립니다.

'마음으로 찾아가는 108산사순례 기도회'
회주 선묵혜자 합장

禪默 慧慈

차례

순례하며 쌓은 염주 성불 향한 부처님의 수기 13

보시·선행 실천하며 부처님 가피 느껴 21

순례 활성화, 불자들 신념 덕분 26

산사 순례로 가장 아름다운 선행 실천 30

산사 순례는 하나의 구법 여행 35

내 안의 나를 만나는 것이 진정한 가피 39

순례는 오래된 전통… 신계사 순례로 통일염원 44

산사마다 공양미·기와 시주하며 보현행 48

참배 도량서 옛 스님들의 덕화를 입다 53

산사의 물소리·바람소리가 붓다의 음성 58

순례 대장정 성취 위해 사소한 일상 버려야 62

순례의 본 목적은 기도를 통한 마음 공부 67

5000여 회원, 일념으로 향일암 복원 서원 　72

순례는 자신의 본성 밝히는 구법 여행 　76

순례 통해 불법 만난 인연은 억겁의 공덕 　80

순례 통해 무주상보시·인연법 체득 　84

다문화가정 손 잡는 아름다운 여정 　89

선행·보시 실천함은 부처님 제자된 도리 　93

순례는 생활 속 심신 행복 찾는 수행의 장 　97

초코파이 선행 군포교 새 역사 열어 　102

순례와 사경은 가피의 원천이다 　107

청담 스님 출가 수행지 보며 감회 　111

도반 만나고 군장병과 아름다운 인연 　117

굳은 신심으로 이어가는 순례가 곧 수행 　122

고난 극복하고 두터운 불연 맺는 수행 126
선불교 종지 '실상선원' 개금불사 동참도 130
번뇌망상 버리는 마음쉼터 찾는 구도행 135
찬란한 불교 유산 체험하는 뜻깊은 여정 139
굳센 신심에 기반한 순례에 불가능은 없어 144
길 위에서 만난 수많은 붓다의 미소 149
인과는 마음에서 비롯됨을 깨닫는 여정 153
순례 나서는 순간부터 부처님 자비 되새겨야 159
참회와 선행으로 선근을 심어야 163
지극한 서원으로 떠나는 보살의 길 169
산사와 길에서 삶의 의미 되새겨 173
산사순례는 가족 포교의 장으로 자리매김 178
불법승 삼보 의미, 108염주에 고스란히 담겨 182
극락을 이끄는 '마음' 찾는 대장정 186
큰 고통도 깨달음 얻기 위한 수행 과정 190

순례는 사려 깊은 불자 되는 길 194
이웃 살피고 돌보는 것이 부처님 마음 199
순례로 분별심 버리고 보리심 증득 203
산사순례 회향은 두타행 실천과 같아 208
모든 것은 지금 이 순간 마음에 달려 있다 212
새해에는 수행·나눔으로 마음의 문을 열자 216
순례로 얻은 행복, 천년 전 혜초 스님과 같아 222
순례 통해 세상 모든 생명에 경애심 배워 226
순례는 보시 실천하며 업장소멸하는 불사 230
순례, 번뇌 버리고 깨달음 구하는 방편 235
세속에 찌든 심신 청정하게 하는 수행 240
보현보살 10대행원 지침으로 결사 동참도 244
초코파이 200만 개 보시 등 성과 '감동' 248
고통받는 일본에 따뜻한 격려 필요한 때 253
순례, 선근공덕 쌓아 부처 되는 길 257

공덕 쌓고 나를 돌아보는 뜻깊은 시간 261

순례, 사랑하는 부처님과 아름다운 동행 266

《왕오천축국전》, 인연의 소중함 일깨우다 270

오로지 진리 등불 삼아 의지하는 봉축 맞이 274

마음에서 우러나오는 진정한 보시 279

법향 가득한 산사서 청정심 닦는 수행 283

산사 순례 287

'인욕생활'을 실천하라 290

춘래불사춘春來不似春 293

콩을 심고 팥을 기다리지 마라 296

"마음아, 어디에 있느냐" 300

아, 법정 스님 303

군에 간 아들에게 보내는 초코파이 사랑편지 306

지극한 기도에는 부처님 가피 따른다 312

세상만물이 하나임을 깨닫는 구법 여행 316

오염된 마음 참회하고 다스리는 법석 320

나눔 실천으로 전·현생 지은 악업 참회 325

순례 원력으로 다문화가정에 108친정 결연 329

108번뇌 끊기 위한 참회의 법석 334

자리이타·중생구제가 산사순례 목적 338

보현행 실천하는 모든 회원 연꽃과 같아 342

5천여 회원이 만들어낸 새로운 신행문화 346

순례하며 쌓은 염주 성불 향한 부처님의 수기

'108산사순례기도회'는 이른 새벽, 전국의 법등法燈에서 시작된다. 어린 불자부터 팔순의 노老보살까지 배낭을 짊어지고, 화안애어花顏愛語로 마주하는 그들을 보면 부처가 따로 있는 게 아니라 바로 그들이 부처이며 그들의 얼굴이 염화미소이다.

그동안 나는 '108산사순례기도회'를 이끌면서 부처님이 중생구제를 위해 왕자 직職을 버리고 29세 때 성불을 위해 6년간의 고행을 떠났던 그 마음으로 2006년 9월 도선사에서 입재 후, 그해 10월 부처님 진신사리가 모셔져 있는 적멸보궁 영축산 통도사에 첫발을 내디뎠다. 비가 오나 눈이 오나 폭풍이 부나, 단 한 번도 빠짐없이 그들과 함께 고행의 길을 걸은 지 어언 5년이 되었다.

염주 알은 108개이다. 한 알 한 알, 그 속에 담긴 뜻은 헤아릴 수 없이 깊고 오묘하다. 그 속에는 부처님의 마음이 들어 있으며 온 우주의 진리가 모두 들어 있으며 지극 정성으로 올리는 불자들의 서원誓願이 깃들어 있다. 그 염주 알을 알알이 꿴 지 벌써 예순 알이 되었다. 나는 오늘도 불자들에게 그 한 알의 염주를 나누어 주며 부처님의 법륜法輪을 굴리기 위해 길을 나선다.

아직도 48개의 염주를 알알이 꿰어야 한다. 4년간의 긴 세월이 나와 불자들에게 남아 있다. 그 알을 모두 꿰고 나면 '108산사 찾아 108불공을 올리고 108선행을 통해 108배 하며 108번뇌를 소멸하고 108공덕을 쌓아 108염주를 만들어 가는 인연공덕의 대장정大長征'도 큰 결실을 쌓아가게 될 것이다.

'시작이 반'이라는 말이 있다. 일각에서는 '108산사순례기도회'를 두고 불교신행信行문화의 장을 연 대장정大長征이라고 표현하지만, 나에게는 부처님께 다가가기 위한 하나의 고행이다. 때문에 우리는 부처님과 불보살님의 시은施恩으로 산사 순례를 나선다. 나는 손에 손을 잡고 순례를 나서는 회원들의 모습을 볼 때마다 하나의 '장엄莊嚴'이라는 단어를 떠올린다. 화염火焰처럼 타오르는 불길만이 장엄이 아니라 '108산사순례기도회'에 참여한 모든 불자들의 모습이 그것이다. 선善한 마음으로 국토를 꾸미고

훌륭한 공덕을 쌓아 몸을 장식하고 악한 것으로부터 몸을 삼가는 일을 히고 있으니 그것이 바로 장엄이 아니고 무엇이겠는가. 사람은 세상을 살아가면서 몇 번의 감동을 경험한다.

하지만 나는 한 달에 꼭 한 번은 불자들의 모습 속에서 더할 수 없는 감동을 느낀다. 인간의 모습이 이렇게 아름답다는 것을 실로 절감하고 있는 것이다. 내가 그동안 불자들과 함께 다니면서 얻은 별명은 '포대화상'과 '무지개 스님'이다. 포대화상은 뚱뚱한 몸집에 항상 웃으며 배는 풍선처럼 늘어져 괴상한 모습을 하고 있다. 번뇌 망상과 고통 속에 헤매고 있는 중생들에게 기쁨과 희망을 나누어 주는 복덕의 화신으로 오늘날에도 널리 알려져 있다. 내가 불자들에게 포대화상으로 별명이 지어진 것은 내가 생각해도 잘 지었다는 생각이 든다. 그런데 무지개 스님은 왜 붙었을까? 그것은 차차 설명하겠다.

나는 길을 걷다가 수각水閣에 떠 있는 표주박을 들어 팔십 노모를 이끌고 올라오는 한 불자에게 한 모금 물을 건넸다. 그의 이마에는 땀이 송글송글 맺혀 있다. 1회부터 빠짐없이 참석하고 있는 노모와 딸이다. 참으로 귀하고 고마운 분들이다. 그들이 있기에 108산사순례기도회가 정겹다. 이와 같이 보시란 다른 것이 아니다. 지친 이에게 물 한 모금 전해 주는 그 마음이 바로 보시이며 공덕을 쌓는 일이다. 나는 불자들에게 오랫동안 이 마음을 강조해 왔다.

불교의 선행은 곧 마음이며 마음을 통해 일어난다. 이 마음 없이 108산사순례를 나설 수는 없다. 더욱이 산사 순례는 불교 포교의 장을 마련하였다고 볼 수 있다. 5~6천여 명의 회원을 감안하더라도 그들 가족까지 합친다면 수만 명에 이르는 불자가 이 행사에 참여하고 있다고 볼 수 있다. 그도 그럴 것이 이 행사에 참여 하는 대부분의 불자들은 중년의 어머니들이며 가족의 종교를 이끄시는 분들이기 때문이다.

산사순례기도회는 지난 한 달 동안의 생활을 반성하고 참회하는 천수경 독경讀經으로 시작한다. 일상의 모든 것은 참회의 연속이다. 참회는 새로운 삶의 시작에 대한 시발점이기도 하다. 다음으로 회원들이 모두 가부좌를 틀고 모든 삿된 마음을 버리는 입정入靜시간을 갖고 난 뒤, '나를 찾는 백팔기도'에 들어간다. 삼귀의례와 108기도문을 읽으며 108배를 올리는 이 의식은 참으로 경건하다. 세 번째는 석가모니불 정근을 하고 난 뒤, 대중 스님들과 함께 순례기도회에 참석한 불자들이 올린 축원문을 일일이 읽는다. 무려 5천여 명의 회원들이 올린 축원문을 빠짐없이 삼 일 동안 읽는 일은 참으로 힘들다. 어떤 때는 목이 잠기기도 한다.

나는 단 한 번도 고되다고 생각을 해 본 적이 없다. 그 축원이야말로 진실로 그들이 원하고 그들이 산사순례기도회에 참석하는 이유이기도 하다. 다음으로 산사순례기도회 발원문을 올리고, 반야심경을 불자들과 함께 읊고 난 뒤 '기도 사찰 시낭송'을 하고 스님의 법문으로 법회를 마친 뒤, 행사를 갖는다. 이 산사순례기도회는 단순하게 108산사만을 찾는 게 아니라, 선행과 보시 공덕을 쌓는 기도회의 현장이기 때문이다.

 회원들이 순례기도회에 올 때 가지고 오는 게 있는데 그 지역 군 장병들을 위한 초코파이와 부처님께 올리는 공양미다. 한 번의 순례기도회에서는 대개 수만 개의 초코파이가 쌓이며 공양미도 수십 가마에 이른다. 참으로 이보다 더한 공덕이 어디에 있겠는가? 우리가 전하는 초코파이 속에는 부모님의 사랑이 가득 배어 있으며 자식을 사랑하는 따뜻한 정성이 깃들어 있다. 그동안 약 230만 개의 초코파이가 군 장병들에게 전해졌다.

 다음으로 갖는 게 바로 '효행상'이다. 우리 불자들이 부모님을 보살피고 공양하는 것이 중함을 인식하는 계기가 된다. '다문화가정 108인연 맺기'는 소외를 받고 있는 그들에게 희망을 전해 주기 위해서 제정했으며 산사순례기도회에서 펼치는 '우리 농촌 사랑운동'은 그 지역 농민들에게 많은 도움을 준다. 회원들이 날마다 백원씩 모은 선행 보시금으로 흡인성 폐렴으로 병석에 누워 있는 코미디언 배삼룡 씨, 뇌졸중으로 쓰러진 병신춤의 대가 공옥진 씨에게 각각 전달되었으며 현재에는 108약사여래 보시금으로 희사하고 있다.

나는 108산사순례기도회를 다니면서 이십여 번의 일심광명 무지개와 일원상一圓相을 불자들과 함께 경험했다. 내가 이러한 108산사순례기도회를 이끈 연유는 은사였던 청담 스님과의 무언無言의 약속 때문인데 평소 주장하신 것도 한국불교 포교였다. 평소 청담 스님의 유지를 받들었던 나는 도선사 첫 소임을 맡은 후 7관세음 33일 기도를 봉행하던 날, 꿈속에서 도선사의 포대화상이 모셔진 자리에서 발걸음을 멈추고 환한 미소를 머금고 계신 청담 스님을 뵈었다. 2004년 7월 또 한 번의 7관세음 33일 기도를 봉행하던 중 기도 회향 당일 청담 스님 석상石像 뒤편 하늘에 '일심一心' 형상을 띤 무지개가 처음으로 나타났다. 이 형상의 의미는 다름 아닌 청담 스님과 불보살님이 어떤 힘을 주는 것이라 생각되었다. 그 후부터 나는 모든 일을 자신있게 추진해 나갔다.

그 가운데 시작한 것이 '108산사순례기도회'의 발족이었다. 그 후 나는 도선사에서 동짓날 팥죽을 산사순례기도회 불자들에게 나누어 주었을 때 또 한 번의 일심광명 무지개를 보았다. 이후 통도사·도갑사·신륵사·낙산사와 부처님의 진신사리를 들고 첫 발을 내디딘 백담사, 2009년에는 화계사·도리사·연곡사·고운사·정암사·구룡사 등 여러 곳에서 30여 번에 걸쳐 떴으며 선묵원에서 매년 약사여래 기도를 할 때마다 일심광명과 일원상 무지개를 본 것이다. 그 후에도 숱하게 많은 환희심을 경험했다.

그뿐만 아니라 네팔에서도 두 번의 무지개를 보았으며 이러한 특정한 날, 특정한 시간에 일심광명 무지개가 하늘에 뜬 것을 불자들과 함께 보았다. 이는 바로 불보살님의 화현이 아니고 무엇이겠는가? 그래서 산사순례기도회 회원들은 내가 무지개를 몰고 다닌다고 해서 무지개 스님이라고 부른다. 나는 이러한 현상을 감히 과학적으로 표현할 수 없다. 도심에서 이러한 무지개를 본다는 것은 지극히 어려운 일이기 때문이다.

산사 순례를 마치고 버스가 떠나기 전, 나는 언제나 제일 앞에 서서 버스에 탄 회원들에게 손을 흔든다. 더없는 아쉬움이 마음을 적시지만, 이게 끝이 아니기 때문에 그들을 기꺼이 보낸다. 아직도 3년이라는 긴 장정이 우리들에게 남아 있음으로 해서.

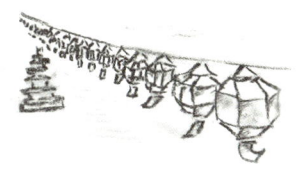

보시·선행 실천하며 부처님 가피 느껴

'108산사순례기도회'의 가장 큰 의미는 보시와 선행 그리고 잃어버린 내 마음을 찾는 데에 있다. 부처님은 중생을 가엾게 여겨 불법을 스스로 찾도록 세상 만물에 진리의 자취를 남겨 두셨으나 미련한 중생들은 찾는 방법을 몰라 찾을 수조차 없었으며 신심마지도 혹세무민惑世誣民에 시달려 어지러웠다. 하지만 뜻있는 선지식들은 진리의 불씨를 찾는 그 마음을 손에서 결코 놓지 않았다.

그 대표적인 선지식이 바로 나의 은사이신 청담대종사였다. 큰스님은 평생 무지한 중생들을 구제하기 위해 역경·도제육성·

포교 이 세 가지의 서원을 세우셨다. 내가 '108산사순례기도회'를 결성한 것은 큰스님의 그러한 유지를 받들기 위해서이다.

이 기도회의 핵심은 '무주상보시無住常報施'의 실천에 있다. 회원들이 하고 있는 '군 장병사랑·농촌사랑·효행상·다문화가정 108인연 맺기, 108 약사여래 보시금, 108 선묵장학금' 등은 자발적으로 하는 '무주상보시無住常報施'의 실천이라 할 수 있다. '108산사순례기도회'는 불자들에게 진정한 보시가 무엇이며 그 선행의 실천의미는 무엇인지를 가르쳐 주고 있는 것이다.

우리는 지난 12월 크리스마스이브 저녁, 용덕사 순례를 마치고 불교의 산타클로스인 포대화상을 서울역에 모시고 구세군 자선냄비와 함께 불우이웃돕기 행사를 가진 적이 있었다. 참석한 수천 명의 회원들은 빠짐없이 보시를 했는데 이날 SBS 8시 뉴스와 조선일보에서는 "종교적인 차원을 뛰어넘는 부처님의 자비와 그리스도가 펼친 사랑의 실천"이라고 대대적인 보도를 했다.

나는 회원들과 순례기도회를 다니면서 이루 셀 수 없이 많은 '가피 이야기'를 듣는다. 이럴 때마다 진실로 부처님께 감사의 기도를 올린다. 이 같은 일이 비록 하나의 상에 머물지라도 그들이 몸소 체험하고 스스로 기쁨을 느끼고 있는 데에는 특별한 이유가 있다. 가피는 그들 스스로가 만들어낸 지극한 신심信心의 발로이기 때문이다. 단언컨대, 부처님을 향한 강한 신심이 깃들어 있다

는 것을 회원들과의 대화 중에서 몸소 느낄 수 있었다.

1차 순례 때부터 빠짐없이 다니시는 망우리 옥순 보살님은 올해 일흔여섯 살이다. 2년 전에는 할아버지와 다녔는데 세상을 뜨시고 요즘은 혼자 다니신다. 노구老軀를 이끌고도 젊은이들 못지않게 산사를 오르내리는 노老보살님을 볼 때마다 안쓰러운 마음이 들다가도 눈시울이 금방 붉어진다. 내가 "이제 그만 다니시죠" 하고 물으면 "허허. 산사 순례가 아직도 많이 남아 있어 우리 스님과 함께 회향해야 할 텐데 그때까지 내가 살지 모르겠네요" 하신다. 그 보살님의 유일한 낙樂은 산사 순례라고 한다. 만약, 회향을 못 하더라도 딸에게 유언으로 물려주어 반드시 '108산사염주'를 만들 것이라고 다짐하신다. 어쩌면 그분은 부처님께서 말씀하신 무한공덕을 이미 쌓아 놓고 계실지도 모른다.

또 원우라는 법명을 가진 처사는 54살 때 사업을 하다가 실패해 죽고 싶을 정도로 세상을 원망했다고 한다. 자연히 마음속에 화가 쌓여 화병이 날 지경이었는데 우연히 도선사에 왔다가 '108산사순례기도회'가 설립된다는 것을 알고 재미 삼아 가입을 한 뒤 1회 때부터 빠짐없이 다녔다.

"순례기도회를 다니고부터 남을 원망하는 마음을 버리고 용서할 줄 알게 되었습니다. 남은 긴 세월을 빠짐없이 다녀 반드시 108염주를 만들겠습니다. 그러면 부처님께서 나의 모든 죄를 사하고 좋은 곳으로 데려가지 않겠습니까."

 이렇듯 순례기도회에 나서는 불자들의 마음은 한결같다. 그들이 있기에 단 한 번도 피곤함을 느낀 적이 없으며 그들이 함께하기에 나는 내일도 산사 순례에 나설 것이다.

순례 활성화,
불자들 신념 덕분

'삼라만상森羅萬象이 다 부처이고, 일상 사물事物이 다 부처이다.'

신심이 굳은 사람은 화신불과 보신불이 항상 곁에 있음을 알고 언제나 몸과 마음을 바르게 하고 정직하게 생활하기 때문에 날로 발전한다. 이와 달리 신심이 없는 사람은 매사에 심리적으로 불안하고 안정적이지 못해 더 이상의 발전을 기대할 수 없다. 이와 같이 신심이 있는지 없는지에 따라 부처님의 가피력도 엄청난 차이가 있다는 것을 알아야 한다.

그러나 우리 산사 순례 회원들 개개인의 신심은 매우 깊어 일일이 설명하기조차 힘들다. 만약, 그들에게 간절한 신심이 없었다면 비가 오나 눈이 오나 새벽부터 그 먼 길을 달려와 법회에 참석하기 어려울 것이다. 천안 광덕사 순례 때였다. 그날은 새벽부터 초겨울 비가 추적추적 내렸는데 법회가 시작되고 백팔참회 기도문을 읽으며 기도에 들어갔다.

굵은 비가 내려 대웅전에 마련한 천막 틈새에서도 빗방울이 조금씩 떨어졌다. 회원들은 좁은 공간에서 옷과 가방이 비에 젖는 줄도 모르고 열심히 기도에만 집중했다. 절터가 좁을 때는 종루鐘樓, 명부전, 요사채 등 별관 전각은 물론, 심지어 공양간에서도 절을 올린다. 이와 같이 우리 회원들의 신심은 말로 다 표현하지 못할 정도로 매우 깊다.

나는 이러한 회원들의 신심의 발로發露가 청담대종사의 '일심광명一心光明' 무지개의 화현化現에서 기인한다고 믿고 있다. 2004년 7월, 7관세음 33일 기도법회를 봉행할 때였다. 그때 기도에 동참한 불자들에게 관음기도 독송讀誦집에 있는 『천수경』의 육자진언인 '옴마니반메훔' 장帳에 낙관을 찍는 행사를 가졌었다. 그런데 일심광명의 '마음 심心' 자 같은 형상의 무지개가 낙관을 찍는 한시간 동안 하늘에 장엄하게 펼쳐졌다. 나와 우리 불자들은 그 형상을 보고 모두 탄성을 자아냈다. 나는 그 순간 무지개가 청담 큰스님께서 관세음보살·지장보살님으로 화현하여 은혜로운 원력願力을 심어 주는 것이라 생각되었다.

그 후에도 이십 번의 무지개가 순례 때 떠올랐다. 놀라운 현상이 또다시 우리 앞에 나타난 것이다. 2009년 12월 12일, 도선사에서 108산사순례 3주년 회향천도법회와 신행선밥순례집信行傳法巡禮輯 발간 봉정식을 가졌다. 법회가 끝나는 두 시간 동안 상서로운 일심광명 무지개가 하늘에 찬란하게 떴다. 이 광명을 목격한 나와 우리 회원들은 다시 한 번 크게 놀랐다.

108산사순례 발제 날 뜬 무지개가 3주년 회향천도법회에도 똑같이 뜬 것이다. 특정한 날 특정한 시간에 일심광명 무지개가 장엄하게 하늘에 뜬 것을 나는 감히 그 무엇으로도 설명할 수도 없으며 또한 어떤, 과학적인 힘으로도 도저히 설명할 수가 없다.

이 무지개의 화현은 108산사순례를 큰 사고 없이 원만하게 회향할 수 있도록 청담 큰스님과 조사 스님들이 내게 내려 주신 가피일지 모른다는 생각이 들자 더욱 자신감이 생겼다. 수천 명의 회원들을 이끌고 사고가 생기지 않도록 일사불란하게 행사를 진행하는 일은 사실, 매우 힘들다. 매 순간 최선을 다하는 자원봉사자들의 신심 어린 도움 덕분이기도 하지만 눈에 보이지 않는 불보살님의 무언의 가피 덕분임을 나는 진실로 믿고 있다. 이것이 바로 기도회를 이끄는 회원들의 힘이다.

포교는 발로 뛰지 않으면 결코 이룰 수 없다. 그들에게 진심으로 불교가 가진 최상의 장점들을 보여 주고 몸으로 실천해야만 진정한 포교를 이룰 수가 있다. 그러기 위해서 가장 필요한 것은 회원 간의 소통과 조화이다. 서로서로 불교의 장점을 이해하고 흡입하는 사이에 자신도 모르게 깊어지는 것이 바로 신심이기 때문이다.

이젠 회원들 사이에서도 많은 유대 관계가 생기고 스스로 불심 佛心도 깊어져 아무리 바빠도 108산사순례에는 빠지지 않도록 회원 간에도 서로 독려하고 있다. 또한 회원들뿐만이 아니라 그의 가족들도 조금씩 동참하고 있어 한국불교 포교 운동에 있어 이보다 더 좋은 행사는 없다고 나는 자신한다. 이것이 바로 한국불교 포교의 발전이다.

산사 순례로
가장 아름다운 선행 실천

'108산사순례기도'는 이 지상에서 가장 아름다운 선행善行이며 여행이다. 어머니의 태 속에서 태어나 성장하다가 장성하여 늙어 죽는 것, 우리는 이를 두고 사람의 일생一生이라 한다. 그러므로 삶은 하나의 여행이다. 부처님과 범인凡人의 차이점은 부처님은 생生의 여행 중에 깨달음을 얻어 성불을 하셨다는 데에 있다.

지금 우리는 생의 많은 날들 중, 그 여행의 절반을 훨씬 지나고 있으며 살아온 날들보다, 살아갈 날이 적지 않게 남아 있다. 누구나가 다 돌이켜 보면, 자신의 삶이 기쁨보다 후회로 점철되어 있음을 실감實感하게 된다. 그러나 늦었다고 생각하는 그 순간, 또 다른 삶이 시작되고 있음을 알아야 한다.

앞으로 남은 6년간의 긴 장정長程은 자신과 벌이는 하나의 진실한 약속이며 싸움이라 할 수 있다. 지킬 수 없는 약속을 하는 것은 하나의 패배이다. 우리 회원들은 108염주를 모두 완성하겠다는 자신과의 약속을 철저하게 지켜야만 한다. 그리하여 108염주를 모두 꿰고 나면 이 지상에서 가장 아름다운 약속 하나를 지켰음을 알고 스스로 무한 행복을 느낄 것이다.

산사 순례에서 만나는 회원들의 얼굴은 언제나 미소가 가득하고 어린아이처럼 해맑은 모습이다. 그도 그럴 것이 매달, 공기 좋고 물 좋은 천년 고찰古刹에 와 부처님 앞에 백팔 배 하며, 지난 한 달간의 잘못 살아온 삶에 대한 참회를 한 뒤 번뇌를 모두 놓아 버리고 가니 어찌 시름이 있을 수 있겠는가?

한 달, 한 달 이런 여행을 하다 보면 부처님이 강조하신 중도中道와 하심下心을 자연스럽게 터득하게 된다. 여기에 바로 108산사 순례의 지극한 뜻이 서려 있다. 중도란 더하지도 않고 덜하지도 않은 평상심平常心을 뜻하고, 하심은 한없는 겸손을 뜻한다. 이런 중도와 하심을 몸소 실천하는 사람은 결코 마음에 탐, 진, 치 삼독三毒이 머물 수가 없다.

종교는 중생의 잘못된 욕망을 확대 재생산하기 위해 존재하는 게 아니라, 삶의 여행 속에서 새로운 활력을 심어 주기 위해 존재

한다. 이를 볼 때 산사 순례는 보다 나은 미래를 위한 삶의 여행이다. 이것이 바로 우리가 산사 순례를 하는 순수한 목적이다. 하지만 부처님은 가피를 얻으려고 하면 주지 않는다. 성실하게 살다 보면 자연스럽게 무한 청정하게 받게 되는 것이 가피이다.

 산사 순례를 다니다 보면 가족들이 아프지 않고 건강하며 가정에 평화가 깃들어 있음을 알게 된다. 이것이 바로 부처님의 가피이다. 가정의 평화를 깨는 것은 화禍다. 화는 건강을 잃게 하는 만병萬病의 원인이다. 중도와 하심을 실천하는 사람은 몸속의 화가 결코 생기지 않는다. 108산사 순례는 생활 속에 지친 마음속의 화를 지우는 여행이라 할 수 있다.

 회원들은 순례를 다니고부터 가족들에게 배려하는 마음이 생겼다고 한다. 어떤 보살님은 거의 매일 술을 먹고 들어오는 남편과 싸웠는데 그러다가 보니 몸과 마음이 만신창이가 되었다고 한다. 산사 순례를 다니고부터 남편이 가족을 위해 얼마나 고생하는지를 마음속으로 느끼게 되고, 남편의 행동을 이해하고 나니 자연스럽게 남편도 술을 끊기 시작했다고 한다.

 이 보살님이 먼저 자신의 화를 잠재우고 나니 남편도 가정의 진정한 가장으로 되돌아온 것이다. 이것이 바로 부처님이 내린 작은 가피이다. 말하자면, 제 마음자리, 생각, 행동 등이 한없는 중도와 하심을 실천하게 되는 것이 바로 부처님의 가피임을 알아야 한다.

　이와 달리, 밖으로 보여 주는 가피만을 인식하는 것은 곤란하다. 산사 순례를 꾸준히 다니다 보면 자신도 모르게 생활도 규칙적이 되고 음식도 가려 먹게 되고 남을 위해 선행보시를 하게 되고 남에게 부드러운 말을 하게 된다. 이것이 눈에 보이지 않지만 부처님이 내리신 명훈가피이다. 어쩌면 우리는 108산사염주를 꿰는 순간, 필생에 경험하지 못한 엄청난 가피도 받을 수가 있을 것이다. 하지만 진정한 가피는 가족과 나의 건강임을 필히 알아야 한다.

산사 순례는
하나의 구법 여행

옛 고승들은 목숨을 건 구도求道 여행을 자주 떠났다. 원효 스님이 구법求法 여행을 떠났다가 해골바가지에 담긴 물을 마시고 '모든 것은 마음에 달려 있다'는 그 유명한 '일체유심조一切唯心造'의 진리를 터득한 것이나 통일신라의 혜초 스님이 불교의 진리를 배우기 위해 장사꾼의 배를 타고 부처님이 태어나신 인도에 도착, 성지聖地를 순례하고 육로를 통해 십 년 동안 걸어서 당나라에 돌아와 쓴 《왕오천축국전》도 구법 여행으로 얻어진 하나의 산물産物이다.

혜초 스님은 서역西域을 가는 데는 배로 단 1년 만에 갔지만 돌아오는 길은 그야말로 생과 죽음의 아찔한 순간을 수도 없이 많이 직면했다. 그때 스님은 '그대는 서역 길이 먼 것을 한탄하나 나는 동방으로 가는 길이 먼 것을 두려워한다. 길은 거칠고 눈은 산마루에 쌓이고 골짜기마다 도적떼가 우글거린다'라고 한 편의 시를 읊었다. 인도에서 중국으로 오는 데 그토록 많은 시간이 소요된 것은 경계에 있는 '세계의 지붕'이라 일컫는 파미르 고원 탓이다.

나는 108산사순례도 하나의 '구법여행'이라고 자부한다. 교통편이 아예 없었던 그 당시의 상황과 비할 바는 아니지만 그렇다고 현대인들의 바쁜 생활을 감안할 때, 9년간의 긴 장정은 결코 온전한 마음을 내지 않고서는 도저히 실천할 수 없는 여행이다.

기필코 이룩하고 말겠다는 강인한 신심信心이 존재하지 않는 한 우리는 108염주를 모두 꿸 수 없다는 것을 알아야 한다. 그러므로 나는 원효와 혜초 스님과 같이 법을 구하겠다는 강인한 마음으로 순례를 나서고 있는 것이다.

2010년 새해 첫 산사 순례지로 '김룡사金龍寺'를 다녀왔다. 이번 순례에서 우리는 의미 있는 두 가지의 행사를 치렀다. 지진으로 인해 10여만 명의 귀중한 목숨을 빼앗기고 수백만 명의 이재민을 남긴 아이티를 돕기 위해 포대화상 모금함을 설치하고 구호기금 모금 행사를 가진 일과 소년소녀 가장에게 '108 장학금'을 수여한 일이다. 이 지구촌에 살고 있는 모든 인류는 둘이 아닌 오직 하나이다. 부처님도 '마치 어머니가 목숨을 걸고 아들을 지키듯 모든 살아 있는 생명들에게 무한한 자비심을 베풀어야 한다'고 했듯이 '동체대비심同體大悲心'을 발휘하는 것도 순례회원으로서 당연한 도리이다.

소년·소녀가장에게 장학금을 수여하는 일도 그와 다르지 않다. 오늘날 부모님과 사별하거나 조부모 밑에서 살고 있는 불우한 어린 학생들이 너무도 많다. 그들에게 전하는 장학금은 곧 사회의 희망이며 미래임을 우리는 다 같이 인식해야 한다.

산사 순례 회원들이 행하는 선행은 하나의 부처님의 법을 구하는 구법 여행과 다르지 않다. 이보다 귀한 선행善行은 결코 없다. 한 사람이 천만 금으로 남을 위해 돕는 일보다 회원들이 '십시일반'으로 모은 정성이 더 깊고 귀함을 우리는 스스로 배우고 있다.

산사 순례 회원들의 직업과 연령은 각양각색이다. 어린아이, 환경 미화원, 건축가, 택시기사, 공무원, 대학교수, 의사, 변호사 등 다양하다. 그만큼 산사 순례 회원들은 널리 분포되어 있다. 그들이 있기에 나는 산사 순례 법회에 나서는 일이 조금도 힘들지 않다.

지난해 산사 순례를 다니셨던 연세가 많으셨던 한 보살님이 지

병으로 운명을 달리했다. 그분은 평소 108염주를 모두 꿰는 것이 꿈이라고 했는데 염주를 다 꿰지 못한 어머니의 소원을 이루어 주기 위해 딸이 대신 산사 순례를 나섰다고 한다.

얼마나 지극한 효심인가? 또한 홀로 적적하게 계시는 친정아버지의 손을 잡고 매달 산사 순례를 나서는 현대판 효녀 심청이도 있다. 나와 우리 회원들은 언제나 이런 이야기를 들을 때마다 깊은 감동을 느낄 수밖에 없다.

내 안의 나를 만나는 것이
진정한 가피

불가佛家의 수행법은 여러 가지가 있다. 외부와의 소통을 끊은 채 한정된 공간에서 오로지 수행에만 몰입하는 무문관無門關 결사, 결제 정주定住하면서 정진하는 안거, 해제 후 바람소리 물소리를 들으며 구름 따라 걷는 운수납자雲水衲子의 만행도 하나의 수행이다.

견주자면, 산승山僧에게나 회원들에게 있어 108산사순례기도 법회를 나서는 것도 하나의 수행이라 할 수 있다. 물론 옛날 천목산 사자바위 서편 바위동굴 속에서 '사관死棺의 패牌'를 내걸고 비장한 마음으로 성불을 이루지 못하면 이곳에서 죽겠다며 정진에 들었던 고봉 원묘 선사와 같이 정주하면서 무문관 결사를 하는 선승禪僧들에게 비할 바는 아니다. 하지만 공부와 포교는 둘이 아닌 하나이기에 포교에 정진하여 부처님의 법을 전하는 것도 수행이라 할 수 있을 것이다.

산승이 기도법회에 참석, 염불念佛과 108 참회문, 축원문을 낭송하고 법당에 정좌定座, 5000여 명의 회원들에게 일일이 염주를 나누어 주고 나면 목이 쉬고 온몸이 다 저려 온다. 언제나 하는 염불이지만 산사순례기도회의 법회는 그래서 매번 고되다. 어쩌다 비가 오거나 추울 때는 가사 입은 것만으로는 강추위를 견디기가 여간 곤혹스럽지 않다.

삼일 연속 순례 땐 산승도 피곤에 절어 산사로 돌아와 파김치가 되는 날이 많다. 회원들도 별반 다르지 않다. 꼭두새벽부터 전국 각지의 법등에서 일제히 출발하여 108기도참회문을 읽고 108기도를 하고 염주를 받은 뒤 법회를 마치고 귀가하기까지 꼬박 하루가 걸리기 때문에 몸은 천근만근이다. 하지만 산승은 이제껏 그들에게서 단 한 번도 몸이 '힘들다'라는 소리를 들어 본 적이 없으며 오히려 부처님이 계신 곳이기 때문에 즐거운 마음으로 순례에 나선다고 한다.

그런데 여기에서 중요한 사실이 하나 있다. 우리는 산사에 계신 부처님을 만나기 위해 산사 순례를 나서는 것은 결코 아니라

내 안의 나 만나는 것이 진정한 가피

는 점이다. 일찍이 부처님은 '너희들도 나와 똑같은 부처'임을 일깨워 주시기 위해 이 땅에 오셨다고 하셨다. 이 말씀은 '너희들도 부처처럼 살지 않으면 안 된다'는 뜻을 포함하고 있다. 그러므로 우리는 '내 안의 부처'를 만나기 위해 빠짐없이 산사 순례를 나서고 있다는 점을 명심해야 한다.

관세음기도를 할 때는 먼저 자기 자신이 관세음보살이 되기를 서원하고 지장기도를 할 때는 자신이 먼저 지장보살이 되겠다는 서원을 세우고 기도를 해야 하는 것이 바른 기도법이다. 이와 같이 산사 순례에 나서는 모든 회원들은 마음속에 먼저 서원을 세워야만 한다. 그래야만 악한 마음은 선한 마음으로 순화純化되고 다시 한 번 더 가족을 사랑하게 되고, 어려운 사람을 돕게 되고 결국에는 베푸는 마음을 알게 되어 비로소 내 안의 부처를 만나게 된다. 그리하여 우리 회원들은 108번째의 순례 뒤 인간이 가진 108번뇌를 모두 버리고 부처의 마음을 비로소 얻게 된다. 이것이 바로 108산사순례의 진정한 목표이며 순례가 추구하는 수행의 근본이다.

진정한 노력 없이는 설령, 108염주를 다 완성한다고 하더라도 서원을 결코 성취할 수 없다. 산사 순례의 가치는 행行으로 이루어질 때만이 얻을 수 있기 때문이다. 마음과 이성만으로는 종교의 가치를 획득할 수 없으며 부처님과 위대한 선지식들 역시 이러한 진리를 강조하셨다. 머릿속에서 이성만으로 하는 종교는 교학敎學일 뿐 진정한 종교의 가치를 누릴 수 없음을 그들은 보여주었다.

얼마 전 '새鳥 박사'로 유명한 윤무부 교수 부부가 우리 산사 순례회원에 가입했다. 그는 평소 몸이 좋지 않았는데 산사 순례를 다니고부터 몸이 건강해졌다는 말을 했다. 또 어떤 보살님은 뇌경색으로 입이 돌아가는 등 갑작스럽게 편측마비, 안면마비와 감각이상, 구음口音 장애를 겪었다. 그런데 108산사순례 법회를 꾸준하게 다니고부터 이런 뇌경색이 사라졌다고 한다. 한 달에 한 번씩 꾸준히 맑은 산 공기를 마시고 108배하며 법당의 부처님께 기도를 올린 덕분이라고 한다. 이것이 바로 부처님의 진정한 가피가 아니겠는가?

순례는 오래된 전통…
신계사 순례로 통일염원

　고금古今을 막론하고, 불교 순례는 그 나라의 문화에 지대한 영향을 미쳤다. 달마대사가 짚신 한 짝을 이고 동쪽으로 와서 혜가 스님에게 좌선을 통해 선禪을 전한 것이나 통일신라 때 중국을 거쳐 혜초 스님이 인도로 순례를 떠났다가 돌아와 《왕오천축국전》을 쓴 것이나 현장 스님이 인도를 갔다 온 후 집필한 《대당서역기大唐西域記》 등도 이른바 순례의 유산遺産이다.
　만약, 인도 향지국의 왕자였던 달마가 선禪을 전하기 위해 중국으로 건너오지 않았다면 오늘날 중국이나 한국, 일본에 선문화가 발전하기 어려웠을 것이다. 일각에는 달마가 선을 전하기 이전부터 이미 중국에 선문화가 형성되었다는 이야기도 있지만, 문화란 광대한 영향을 끼친 후 형성된다고 볼 때 동양의 선은 달마 이후로 보아도 무방하다. 이렇듯 순례는 한 나라의 문명전파와 문화 형성에 엄청난 영향을 끼친다고 볼 수 있다.

인도에서의 성지순례는 오늘날에도 세계적으로 이름나 있다. 그들은 뜻깊은 날이 되면 바다와 강이 합류하는 곳에서 몸을 담그기 위해 먼 길을 순례한다. 수백만 명의 힌두교 사람들은 세계에서 가장 큰 종교집회로 알려진 신성한 갠지스 강 집회에 참석하여 새벽에 몸을 담근다. 어쩌면 그들에게 순례는 의식의 개념이 아니라 삶의 한 방식이며 종교적 측면에서 오히려 더 나아가 넓게는 인도 그 자체를 상징하는 하나의 문화적 코드로 자리 잡고 있다.

인도의 종교문화 중에 깊숙이 뿌리박고 있는 것은 윤회와 업 그리고 해탈이다. 이 사상들 속에 인도인들의 유전자 깊숙이 자리 잡고 있는 이론은 '숙명론'인데 '지금 현생의 삶은 전생의 나의 업인 까닭에 이를 받아들여야 하며, 현생에서 내 삶에 최선을 다하고 전생의 업을 씻어 내면 다음 생에는 좋은 삶으로 태어날 수 있다'는 것이다. 이 점이 바로 인도인들이 먼 길을 순례하는 궁극적인 이유이다.

티베트의 성지 순례는 죽음을 불사할 정도로 성스럽다. 그들은 성지 순례를 하기 위해 자신의 일생을 불사할 정도로 한 발 한 발 오체투지로서 앞으로 나아간다. 혼신을 다하는 그들의 기도 모습은 가련하기보다는 차라리 경이롭다. 이렇듯 동양의 문화는 오래 전부터 순례자의 모습을 그 나라별로 이어 왔던 것이다. 또한 순례 하면 빼놓을 수 없는 것이 53선지식을 만나기 위해 길을 나선 선재동자의 '화엄경순례'이다. 사실, 화엄경은 너무나 방대하고 심오한데 마지막 부분인 『보현행원품』에 선재동자의 구도여행이 잘 나타나 있다. 선재동자는 한 사람의 선지식을 만나 법문을 듣고 또 그분에게서 또 다른 선지식을 소개받아 먼 순례를 떠났다.

놀라운 사실은 선재동자가 만난 선지식은 비단 불교인뿐만 아니었다는 점이다. 보살, 비구, 비구니, 브라만, 신神, 왕, 매춘부 등이었다. 즉, 진리를 배우기 위해서는 스승을 가릴 바가 없다는 사상의 표현이요, 나아가 지혜로운 이뿐만 아니라, 타락하고 병든 자에게서도 그 배움을 얻었다는 데에 있다. 이것이 바로 선재동자의 '화엄경순례'이다.

산승이 첫발을 내디딘 108산사순례도 외국인들의 입장에서 보면 하나의 성聖스러운 도전이다. 지금껏 서양이나 동양의 문화권에서는 각 나라마다 제각각 고유의 순례문화를 가지고 있지만, 한국에서는 '108산사순례기도회'와 같은 대규모의 순례단은 일찍이 없었다는 사실에 주목해야 한다. 그러므로 108산사순례는 한국불교에 있어 신 포교의 패러다임을 형성했다고 볼 수 있을 것이다. 물론 자화자찬은 아니다.

오늘날 미국과 중국, 일본의 종교인들이 108산사순례를 바라보는 시각이다. 그래서 우리는 오는 4월 봄날, 동국대 강당에서 세계의 석학들을 모시고 108산사순례 국제학술대회를 열어 종교적 의의와 성과를 재검토하는 시간을 갖는다. 더욱이 108산사순례는 남북통일의 염원을 싣고 민간 외교적 차원에서 북한의 신계사, 보현사, 성불사 순례의 성사를 눈앞에 두고 있다. 역사적으로 볼 때 이는 대단한 성과라 할 수 있다.

산사마다 공양미·기와
시주하며 보현행

올 겨울은 한파寒波가 유독 심하고 눈도 많이 내렸다. 하지만 부처님의 가피 때문인지 정작 산사 순례 때가 되면 어제까지 내리던 눈도 금방 그치고 날씨도 포근해진다. 많은 인원이 움직이다 보니 아무래도 날씨의 변화가 가장 염려스럽다. 지독한 추위가 밀려오거나, 눈비가 세차게 내리는 날이면 여간 힘든 게 아니다. 그러나 순례기도회는 이러한 날씨 속에서도 아랑곳없이 먼 길을 나선다.

순례는 수많은 인연공덕을 쌓는 일이며 하나의 보현행의 실천이다. 그럼, 무엇이 그러한 인연 공덕을 쌓게 하는 것일까? 이를 알아보자. 옛 조사의 말씀에 '시주공덕은 천년을 간다'는 말이 있다. 우리가 산사순례를 하면서 시주를 올리는 공양미 속에는 공덕功德이 무궁무진하게 들어 있다. 그런데 부처님이 계신 우리나라에 있는 사찰 108군데에 그 공양미를 모두 다 올린다고 생각한다면 그 시주의 공덕은 과연 얼마나 될까? 또한 우리가 산사 순례에 가서 매달 부처님의 법전法殿에 올리는 기와 한 장의 공덕도 지대하다. 더구나 부처님이 계신 우리나라의 모든 전각들 속에 자신이 시주한 기와가 들어 있다는 생각을 해 보라. 이보다 더한 기쁨과 공덕은 그 어디에도 없다.

부처님께 올리는 시주는 많고 적음에 있는 게 아니라 '심념心念'을 담고 올려야 그 공덕이 크다. 즉 자신이 가진 '마음생각'에 달려 있다는 뜻이다. 생각만으로는 어느 순간에 우주로도 가고 먼 나라에 가기도 하고 혹은 과거와 미래를 넘나들기도 한다. 이와 같이 넓을 때는 한없이 바다같이 넓고, 좁으면 바늘조차 꽂을 곳이 없는 것이 사람의 마음이다. 그래서 부처님께 매달 올리는 시주는 생각만으로는 매우 힘들다.

108산사순례기도회가 불자들에게 좋은 공덕을 쌓을 기회를 얼마나 주고 있는가를 생각해야 한다. 우리 회원들은 사찰마다 공양미와 기와를 시주하는 것도 하나의 보현행의 실천임을 알아야 한다는 것이다. 그런데도 불구하고 마음은 있고 정작 실천을 하지 않는 것은 진정한 불자라 할 수 없다.

『법화경』여래수량품에 부면 "보살이 스스로 보살행을 실천하고 스스로 부처의 삶을 살고자 할 때 석가모니는 영원히 존재한다"는 부처님의 말씀이 있다. 이와 반대로 우리가 보살의 삶을 살지 않고 그러한 노력을 하지 않는다면 순례의 의미도 퇴색될 수밖에 없다. 산사 순례를 다니면서 자신의 마음과 인격이 변해가지 않는다면 그에 대한 의미도 없다는 뜻이다. 그러므로 우리 회원들은 108산사순례를 통해 '인식의 대전환'을 이루어 보살의 마음을 가지고 보현행을 반드시 실천해야만 한다.

우리 불자들은 깨달음과 보살행을 너무 멀리서 또한 너무 어렵게 찾으려고만 하는 경향이 있다. 내가 부처님께 올리는 공양미, 한 장의 기와가 바로 보현행의 실천임을 깊이 깨달아야 한다는 것이다. 진정한 보현행은 바로 내가 행하는 그 보시 속에 들어 있음을 명심해야 한다.

가끔 불자들은 스님들께 "성불하세요"라는 말을 들을 때가 있을 것이다. 그러면 "내가 무슨 성불하겠는가?" 하고 마음속으로 퉁명스럽게 받을 때가 있다. 하지만 성불을 너무 어렵게 보면 안된다. 이 말은 바로 내 삶 속에서 부처의 삶을 살라는 뜻이다. 만약, 그렇게 산다면 그것이 바로 성불이다. 우리가 108산사순례를 다니는 것은 바로 내가 누구인지를 알고 잃어버린 마음을 찾아 제대로 성불하기 위함임을 명심해야 한다.

  얼마 전, 고부간에 불화不和가 깊었던 회원이 있었다. 그 회원은 시어머니와의 갈등을 해소하기 위해 고민을 하다가 어느 날 몰래 산사순례기도회에 가입했다고 한다. 독실한 불자였던 시어머니는 처음에는 며느리와 함께 외출하는 것을 꺼려했다가 한 달에 한 번씩 순례를 다니고부터 사이가 매우 좋아졌다. 산사 순례를 다니고부터 그 회원은 시어머니를 이해하게 되고 시어머니도 이해심이 깊어졌다고 한다. 그래서 산사 순례는 누구에게나 정겨운 여행이며 사람의 성격을 따뜻하게 변화시킨다.

참배 도량서 옛 스님들의
덕화를 입다

    2월 봄이 오는 길목, 백양사로 가는 겨울의 마지막 순례 길. 봄을 재촉하는 비가 이른 새벽부터 추적추적 내렸다. 잔가지에 앉은 물방울들이 마치 꽃망울을 머금은 듯 반짝거리며 한 장의 사진처럼 아름다운 풍경을 만들고 있었다. 회원들은 우산을 쓰거나 우비를 입고 형형색색形形色色 걸어서 산사로 올라갔다.

    좀처럼 비는 그치지 않고 거세게 쏟아졌다. 회원들은 폭우에도 아랑곳없이 저마다 오백 년 먹은 갈참나무와 고로쇠나무들이 서 있는 산길을 지나 부처님을 만난다는 기쁨으로 옷이 젖는 줄도 모르고 파안대소破顔大笑하며 걸었다. 나는 그러한 회원들의 지극스러운 모습을 보고 이내 가슴이 뭉클해졌다.

　법회를 시작하면서 회원들에게 "비가 오나 눈이 오나 오히려 역경 속에서 더 잘되는 것이 수행이다. 오늘 우리는 겨울의 마지막 길목에서 봄비를 맞았다. 이보다 더 좋은 일은 없다. 오늘 내리는 봄비는 법우法雨에 다름 아니다"라고 법문을 건넸다.

　어떤 회원들은 꽃 단비처럼 법우가 내린다는 '우화루雨花樓' 처마 밑에 앉아 기도를 하기도 하고, 심지어 극락보전 앞에서 아예 우비를 걸친 채 비를 맞고 기도를 하는 분들도 있었다. 대단한 불심佛心이었다. 마음속에서 일어나는 지극 정성이 없다면 결코 할 수 없는 기도였다. 나는 그런 그들이 있기에 무한한 기쁨을 느낄 수밖에 없다.

　백양사는 우리나라의 오대총림 중의 하나로서 고불총림古佛叢林으로 불린다. 1,400여 년 전 백제 무왕 때 지은 고찰로 대한팔경大韓八景의 한 곳이며 그동안 수없이 많은 고승대덕을 배출했던 운문암이 특히 유명하다. 또한 이색과 정몽주, 정도전이 시문을 지어 붙였던 쌍계루도 있다. 고려시대 때는 암석이 모두 흰색이라서 백암사白巖寺로 부르기도 한 곳이다. 조선 선조 때 환양선사가 영천암에서 금강경을 설법하는데 3일째 되던 날 하얀 양이 내려와 스님의 설법을 듣고 7일간의 법회가 끝난 날 밤, 스님의 꿈속에 나타나 '나는 천상에서 죄를 짓고 양으로 변했는데 스님의 설법을 듣고 다시 환생하여 천국으로 가게 되었다'고 절을 하였다. 이튿날 영천암 아래에 흰 양이 죽어 있었으며 그 이후 절 이름을 백양사라 고쳐 불렀다. 더욱이 백양사는 오늘날 수많은 수행납자들을 길러 내는 총림이다.

또한 백양사 하면 빼놓을 수 없는 스님이 계시는데 바로 만암 스님과 서옹 스님이다. 만암 스님은 백양사 전체 역사를 통해 가장 돋보이는 불사를 일구어 냈던 스승으로서 한국근대불교사에서도 매우 중요한 위치를 차지한다. 특히 스님의 중창 불사는 사찰의 자급자족을 철저하게 주창하는 가운데에서 이루어졌다. 스님은 양봉養峰 또는 죽기竹器를 통해 불사 자금을 조달해 나감으로써 훗날 '반선반농半禪半農'의 실천자로 추앙받았다. 또한 서옹 스님은 조계종 제5대 종정을 역임하셨으며 생전에 동양 최고의 선지식으로 추앙받으셨던 분으로서 좌탈입멸하셨다.

이렇듯 우리가 산사 순례를 다니는 곳은 한국불교사에 없어서는 안 될 중요한 성지聖地임을 알아야 한다. 그곳에서 봄비를 맞으며 108불공 올리며 108배 하며 108선행을 하는 것도 대단한 행운인 것이다.

나는 이번 백양사 순례에서 한 초등학생 불자에게서 깊은 감동을 받았다. 강북 9법등 회원 중의 자제로서 내가 수계식 때 진성이라는 법명을 내렸었다. 어머니의 손에 이끌려 한 번도 빠지지

않고 꾸준히 순례에 참석하고 있었는데 백양사 순례 날 그 고사리 같은 손으로 상무대의 형님들에게 초코파이를 전하는 모습이 참으로 대견스러웠다.

  그 아이는 어릴 적부터 어머니의 손에 이끌려 남을 존경하고 돕고, 선행하며 거짓 없이 사는 부처님의 말씀을 이미 스스로 실천하고 있었던 것이다. 나는 미래 불자의 참모습을 보는 것 같아 매우 흐뭇했다. 이처럼 우리 회원들도 가끔은 가족들이나 아이들을 이끌고 한번쯤 순례에 참석하는 일도 좋은 일이다.

산사의 물소리 · 바람소리가
붓다의 음성

　자연의 '발성법發聲法'은 '무념무심無念無心'이다. 진리를 그냥 드러내고만 있을 뿐, 그저 침묵하기만 한다. 그 속에서 사람은 진리를 배운다. 봄이면 잎이 피고, 여름이면 짙푸르고, 가을이면 남김없이 자신의 몸을 지우는 잎, 겨울이면 새로운 잎을 틔우기 위해 인내하는 나무, 이렇듯 자연은 진리 그 자체이다. 기회가 있을 때마다 자연은 많은 것을 어리석은 중생들에게 가르쳐주지만 오욕五慾에 젖어 있는 사람들은 이마저도 잘 모른다. 그러므로 '산사 순례'는 부처님과 자연의 진리를 찾기 위한 하나의 여정旅程인 것이다.

부처님의 경전인 『유교경』에 보면 '깊은 물은 소리가 나지 않으나 얕은 물은 졸졸 소리가 나듯이 지혜로운 사람은 항상 조용하며 편안함과 즐거움이 있지만, 어리석은 사람은 불안하고 변덕스럽다. 지혜로운 이는 항상 감사할 줄 알고 스스로를 살펴서 지족을 알아 즐기는 참된 재산을 가진 부자이다'라는 구절이 있다. 이는 지혜 있는 사람이 가져야 할 마음가짐에 대한 경구警句이다.

따라서 우리 회원들이 산사순례 때 반드시 지녀야 할 몇 가지의 마음가짐에 대해 언급하고자 한다. 우선 사찰에 들어서면, 가장 먼저 마주하는 전각은 산사의 일주문一柱門이다. 이 문을 통과하는 의미는 매우 깊다.

절에 있는 문은 세속과 법계法界의 경계이기 때문에 일반적으로 우리가 생각하는 문門과는 그 차원이 다르다. 일주문을 통과하는 것은, 불佛·법法·승僧 삼보三寶에 귀의한다는 의미가 담겨있다. 그러므로 불자들은 산사를 찾을 때 반드시 일주문을 통과하여 절로 들어서는 것이 좋다.

절 밖의 세상은 인간의 '오욕'으로 인해 번뇌가 끊임없이 끓는 곳이요, 절 안의 세상은 깨달음이 있는 곳이므로 무엇보다도 사찰을 찾는 불자들은 경건해야 한다. 또한 사찰 안팎에서 스님들을 만났을 때는 두 손을 정갈하게 모으고 가볍게 목례를 해야 하며 법당 앞이나 탑전을 지날 때도 항상 기도하는 마음자세를 지녀야만 한다. 이러한 자세를 먼저 갖추는 것이 산사 순례의 시작이다. 이렇듯 불가의 법도法道는 매우 엄격하다.

그 다음에 지켜야 할 예절은 공양 시간이다. 스님들에게 있어 공양의 법도는 그 어떤 예절보다도 최상이다. 자리에 앉는 순서도 매우 엄격하며 상판과 하판이 있다.

그런데도 불구하고 스님들이 법문을 할 때 말씀은 귀로 듣고 입에 음식을 담는 행위는 결코 불자로서 해야 할 예의가 아니다. 이를 바르게 지킬 때만이 내 안의 부처를 찾을 수가 있으며 이와 달리 몸은 함부로 행동하고 마음만 앞선다면, 비록 많은 공덕을 쌓더라도 성불을 결코 이룰 수가 없다. 물론, 이러한 예절을 알고만 있고 제대로 실천하지 못한다면 올바른 불자가 될 수 없다.

또한 산사 순례를 떠나기 전 사전에 그 사찰에 대해 알아 두는 것도 좋은데 매달 순례기도회에서 발행하는 '일심광명一心光明' 월보 속에는 순례 사찰에 대한 모든 정보와 지식들이 들어 있기 때문에 버스 안에서 읽어 보는 것이 도움이 된다.

오늘, 우리가 왜 그 사찰에 가는지, 또한 어떤 전각들이 있는지를 미리 공부 하고 간다면 순례에 대한 기쁨도 더해질 것이다. 먼 길을 달려와서 그저 기도를 올리고 법문을 듣는 것만으로 그쳐서는 안 된다는 말이다. 또한 자투리 시간에는 반드시 사경을 해야 한다. 순례 사찰마다 사경을 하는 것도 크나큰 공덕을 짓는 일임을 명심해야 한다. 좀 더 시간이 난다면 가볍게 사찰을 둘러보면서 흐르는 물소리 바람소리에 귀 기울이며 세속의 찌든 마음을 씻어 보는 것도 좋다. 이렇듯 자연이 던져 주는 진리에 순응順應하여 몸을 기대고 사는 게 바로 부처의 삶이며, 자연이 우리들에게 던져 주는 진리임을 가슴 깊이 새겨야 한다.

순례 대장정 성취 위해
사소한 일상 버려야

선불교에서는 '염일방일拈一放一'이라는 말이 있다. '하나를 잡으면 다른 하나를 반드시 내려놓아라'라는 말이다. '무조건 내려놓아라'라는 '방하착放下着'과는 달리 다소 유순한 표현이다. 세상을 살아오면서 작은 것 하나 내려놓지 못하면서도 모든 것을 움켜쥐려고 하는 것은 중생의 어리석은 마음 때문이다. 탐진치 삼독三毒의 근원은 이러한 욕심에서 출발한다. 하나를 쥐면 자연스럽게 다른 하나를 내려놓는 것도 참된 삶의 한 방식이다.

지난주 '무소유'의 법정 스님이 원적을 하셨다. 평생 스님이 '무소유'를 실천했던 것도 어찌 보면 선종의 '염일방일'과도 상통한

순례 대장정 성취 위해 사소한 일상 버려야 | 63

다고 볼 수 있다. 산이 높으면 골이 깊고, 어둠이 있으면 반드시 빛이 있듯이 세상은 항상 양면兩面이 자리한다. 스님이 문필가로서 많은 국민들의 가슴을 적셨다면 마음 한쪽에는 오두막 산골에서 치열한 수행자의 고독을 느꼈을 것이다.

법정 스님과 같이 종교인은 '무소유'를 근본으로 해야 하지만, 열심히 세상을 사는 불자들은 부지런히 재물을 모으고 아껴 가난한 이웃을 도와주고 베풀어 주는 것도 바로 '무소유'의 삶이라 할 수 있다. 무소유란 무조건 가지지 말라는 뜻이 아니라 집착하지 말라는 뜻이기도 하다. 가난한 사람이 아무리 남을 도와주고 싶은 마음이 있다고 할지라도 재물이 없다면 이를 제대로 실천할 수 없다. 하지만 자신에게 주어진 삶을 열심히 살아가는 것도 '무소유'의 삶이다. 삼라만상의 모든 존재는 우리의 마음에 투영된 하나의 그림자에 불과하다. 자신의 마음먹기에 따라 무소유의 삶도 얼마든지 실천할 수가 있다.

오늘 내가 산사 순례를 나서는 회원들에게 당부하고 싶은 말씀은 '염일방일'의 실천이다. 적어도 우리가 한 달에 한 번씩 부처님을 친견하고 참회를 하고자 했다면, 다른 하나는 손에서 놓아야 한다. 집안에 바쁜 일이 있다고 해서 순례를 포기해서는 안 된다는 말이다. 물론 피치 못할 사정이 있을 때는 어쩔 수가 없다. 이런 과정이 지속되다 보면, 나태해지기 쉬워 계속 빠지게 된다. 어차피 순례를 하겠다는 각오를 하였다면, 아무리 바쁜 일이 있다고 할지라도 꼭 참석해야 된다. 부처님을 만나는 일보다 더 귀중한 시간은 없음을 명심하고 다른 일을 미루고 순례에는 꼭 참석하는 것이 좋다.

순례를 떠나는 것은 부처님의 위대한 사상을 배우고 몸소 체험하고 실천하기 위해서이다. 위대한 성취를 하기 위해서는 사소한 일상의 일들은 잠시 접는 것이 좋다는 뜻이다. 산사 순례를 빠짐없이 참석하기 위해서는 바쁜 일과 바쁘지 않은 일을 분명히 가려서 하는 지혜가 필요하다. 그래야만 긴 대장정을 회향할 수 있다.

대개 불자들은 '회향'이란 어떤 일을 시작하여 끝을 맺는 것이라 생각하지만 다른 의미가 담겨 있다. 『목련경』에 보면 목련 존자께서 생전에 악업을 지어 무간 지옥에 떨어진 어머니의 업을 가볍게 하기 위해 어머니의 재산을 모두 팔아 해제 날 스님들과 신남 신녀에게 공양을 하고 법문을 듣게 한 것도 바로 '공덕회향'을 하기 위함이었다. 이와 같이 회향의 뜻은 '자신이 공덕을 지어 남에게 돌리는 것'을 말하는데 우리가 산사 순례를 하는 것은 가족과 자식들, 그리고 부모님들에게 그 공덕을 돌리고 우리 이웃들과 공덕을 나누기 위함이다. 그러므로 108산사순례는 단순한 기도회가 아님을 알아야 한다. 우리가 대장정을 회향하기 위해서는 반드시 '염일방일'을 항상 마음에 두어야 한다.

지난주 백양사 순례에는 초등학생 아이가 노보살님의 손을 꼬옥 잡고 우산을 쓰고 산길을 천천히 내려오고 있었다. 그 아이의 어머니는 아이를 한참 찾고 있었는데 노보살님의 손을 잡고 내려오는 모습을 보자 대견했는지 머리를 쓰다듬어 주고 있었다. 어릴 적부터 남을 배려하는 마음을 가꾸고 있는 아이의 모습이 내 마음을 훈훈하게 했다. 이것이 곧 작은 회향이다.

순례의 본 목적은
기도를 통한 마음 공부

우리가 불교를 배우는 이유는 마음 하나를 알고 마음 관리를 잘하기 위해서다. 마음 하나를 잘 쓰면 '극락'일 수 있으며 마음 하나 잘못 쓰게 되면 '지옥'이 된다. 지금 우리는 미움과 시기, 폭력과 거짓이 난무하는 위기의 시대에 살고 있다. 이러한 때에 산사순례 회원들은 모두 불법을 만났으니 얼마나 다행스러운 일인가?

『자경문』에 보면 '인생난득人生難得 불법난봉佛法難逢'이라는 경구가 있다. 즉 '사람의 몸으로 태어나기 어렵고 불법을 만나기도 어렵다'는 뜻이다. 하지만 세상 사람들은 비록 인간의 몸을 받고 태어났으나 불법을 만나지 못해 고통 속에 빠져 있다. 사람들이 고통 속에 헤매는 것은 아직도 정법正法의 인연을 제대로 만나지 못해서이다. 요즘같이 많은 종교 속에서 불법을 만난다는 것은 결코 쉬운 일이 아니다. 더구나 불교를 믿는다고 해서 모두 불법이 아니며 바르게 믿고 가르치는 불법을 만나야 한다.

그러나 우리 회원들은 그 힘든 사람의 몸을 받고 태어났으며 올바른 불법을 배우고 있는 중이다. 얼마나 귀중한 시간들인가. 순례에 가서 기도를 하다 보면 마음은 그지없이 정갈해지고 편안해지는 것을 느낄 수 있다. 자신의 마음을 다스리는 데에는 기도보다 더 좋은 것도 없으며 자신도 모르게 지은 업들을 참회하고 기도하는 일은 미래의 행복을 위해 반드시 필요하다.

부처님조차도 '정업正業은 난면難免'이라 하여 자신이 지은 업을 구제하지 못한다고 하셨다. 세상에서 자신이 지은 업을 구제할 수 있는 사람은 오직 자기 자신뿐이다. 부모도 형제도 배우자도 대신할 수가 없다. 그럼 자신이 지은 업을 구제할 방법은 무엇인가? 끊임없이 부처님 앞에서 스스로 참회하고 기도하는 방법뿐이다. 이것이 곧 성불이며 열반이고 깨달음인데 우리 회원들은 적어도 한 달에 한 번씩은 반드시 이를 실천하고 있는 것이다.

우리는 흔히 부처님 경전을 두고 '팔만사천 법문'이라고 한다. 그런데 정작 우리는 그 위대하고 엄청난 경전을 다 읽을 수도 없

고 다 이해를 하지도 못한다. 하지만 방법이 있다. 그것이 무엇일까? 매일 마음속으로 부처님과 보살의 명호名號를 외우는 일이다. 산사순례를 다니면서 『천수경』을 끊임없이 독송讀誦을 하다 보면 팔만사천 법문의 이치를 자신도 모르게 자연스럽게 받아들이게 된다.

중생은 끊임없이 망각하면서 살고 부처는 매일 자신의 마음을 다스린다. 이것이 중생과 부처의 차이이다. 마음 하나가 부처와 중생의 경계를 만드는 것이다. 그런데 그러한 이치를 알면서도 어떤 불자들은 법문을 들을 때는 고개를 끄덕끄덕 하다가도 하루만 지나면 새까맣게 잊어버리고 만다. 그리고 또다시 중생의 삶으로 돌아가고 만다. 그뿐만 아니라 항상 자신이 처한 분수 밖의 것을 구하고 탐하다가 급기야는 회복할 수 없는 어려움에 처하기도 한다. 그로 인해 쉽게 마음의 상처를 입게 된다. 이는 만병의 근원이 되어 몸까지 망치게 되는 원인이 된다.

결론적으로 말해 오늘 내 주위에 일어나고 있는 기쁘고 슬픈 모든 일들은 자신이 지어서 자신이 받는 것이다. 때문에 우리가 끊임없이 불교 공부를 하고 산사 순례를 나서는 것도 바로 이러한 자신의 모순과 기만에서 벗어나기 위해서다. 불법을 배우는 것은 행복을 찾기 위해서가 아니라 자기가 가진 모순의 덩어리를 하나씩 걸러 내기 위한 수행이다.

자기 안의 모순과 기만을 걷어낸 사람은 언제나 마음이 평온하다. 이런 사람은 남으로부터 항상 당당하고 거침이 없다. 불법을 믿는 사람은 자신에게 당당하고 남의 잘못을 볼 수 있는 지혜를 갖게 한다. 그러므로 산사순례는 곧, 자신의 업을 지우고 마음 공부를 하는 것임을 명심해야 한다.

5000여 회원, 일념으로 향일암 복원 서원

화마火魔로 대웅전이 소실된 향일암의 해수관음보살상 앞에서 부처님 전에 삼가 편지를 올립니다. 긴 겨울이 끝나고, 봄의 문턱에서 맞이하는 남도南道의 끝자락 향일암에서 바라보는 한려해상수도의 일출은 눈부시게 아름답습니다.

하향下向, 그리운 것들은 모두 꽃핀다는 삼월 봄날, 한 마리의 용을 품은 듯한 아침 일출을 우리 회원들과 함께 이렇게 바라보는 것도 참으로 소중한 일임을 새삼 느끼지 않을 수 없었습니다. 산승이 5,000여 명의 108산사순례기도회 회원들을 이끌고 향일암에 도착한 것은 대자대비하신 부처님의 은혜에 감사드리고 일

천만 분의 일이라도 보답하기 위함입니다.

　지난겨울 천년 전, 원효대사께서 창건한 이 아름다운 사찰에 알 수 없는 불길이 일어나 대웅전과 두 채의 전각들이 순식간에 소실되고만 슬픔은 이루 말할 수 없었습니다. 그러나 다행스럽게도 관음전과 해수관음보살상, 경전바위와 산자락을 두르고 있는 동백나무들, 미로迷路같이 서 있는 바위 길 등 아름다운 사찰이 그나마 무사한 것도 부처님의 가피 덕분이었습니다.

　먼 바다에서 바람 한 자락만 몰아쳐도 서 있는 나무조차 지탱키 힘든데, 화마 속에서도 산사의 일부가 온전하게 견딜 수 있었던 것도 참 다행스럽다는 생각이 듭니다. 임시 법당 앞에서 우리 산사회원들은 『천수경』과 백팔 참회문을 읽고 참회의 기도를 올렸습니다. 비록 복원 불사에는 턱없이 부족하지만 한 손에는 공양미를 들고, 한 손에는 불사를 무사히 끝낼 수 있도록 사경을 쓰면서 기도하기도 했으며 또 어떤 회원들은 기와 불사를 올렸습니다.

　그런데 놀랍게도 서쪽 하늘에 찬란하게 일심광명一心光明 무지개가 떴습니다. 이를 보고 우리 회원들은 눈물을 흘렸습니다. 이 모든 것이 부처님께 향하는 간절한 서원이 아니고 그 무엇이겠습니까?

　2010년 여수는 세계박람회를 눈앞에 두고 있습니다. 해마다 연

60여만 명이 찾는 여수 제일의 성지聖地인 향일암의 대웅전 복원은 비단, 우리 불자들뿐만이 아니라 여수 시민, 나아가 우리 국민들 모두의 서원이기도 합니다. 여기에 조금이라도 도움을 주기 위해 산승은 일주일 동안 법회를 가졌던 것입니다. 우리 회원들은 저마다 서울, 포항, 경주, 울산 등 먼 길을 달려와 기쁜 마음으로 기도를 올렸습니다.

사찰은 우리 민족의 중요한 문화자산입니다. 몇 년 전 우리는 국보 1호인 남대문을 화마로 잃고 또다시 중요한 문화재인 향일암 대웅전을 잃고 말았습니다. 누구의 잘못이며 그 원인이 무엇인지 아직도 파악하지 못하고 있습니다. 그러나 중요한 것은 한 번 잃은 문화재는 설령, 복원을 한다고 해도 원상회복이 힘들다는 사실입니다.

더구나 우리 문화유산의 70%는 불교문화권입니다. 실로 엄청난 문화재가 사찰에 있습니다. 문화재는 지방 관청, 어느 누구의 것도 아니라 우리 국민 모두의 재산입니다. 그동안 외국 침략으로 인한 문화재 소실만 하더라도 무려 10만여 점이나 된다고 합니다. 일일이 헤아릴 수도 없습니다.

일본은 심지어 명성왕후를 시해한 칼을 구시다 신사에 보관해 두고 있을 정도로 광분하고 있는 실정입니다. 그들의 야만적 행위를 저지할 방법은 아무것도 없으며 그들이 문화유산에 대한 가치의 잣대를 어디에 두고 있는지도 의심스러울 정도입니다. 그나마 요즘은 우리나라도 빼앗긴 문화유산을 되찾는 운동을 펼치고 있습니다. 이런 시점에서 산사순례기도회가 향일암 대웅전 복원 불사 법회를 가지게 된 것은 실로 기쁩니다.

부처님, 참으로 마음 내지 않고서는 할 수 없는 이 기나긴 대장정의 길을 가며 한 가지씩 108선행을 베풀고 있는 저희 회원들이 무사히 회향할 수 있도록 무한한 가피를 내려 주십시오.

순례는 자신의 본성 밝히는 구법 여행

4월 11일 동국대 중강당에서 미국, 인도, 중국, 일본, 한국 등 세계의 석학들을 모시고 한국불교학회회장 김선근와 공동으로 700여 명의 불자들과 함께 '108산사순례 국제학술회의'를 성황리에 열었다.

그런데 놀라운 것은 1600여 년의 불교역사를 가진 한국에서 1960년대 이후 단 한 번도 순례에 대한 학술적 논의가 없었다는 사실이다. 인도, 중국, 일본, 티베트뿐만이 아니라 중동이나 동남아시아는 이미 순례 문화에 익숙해 있으며 그에 대한 성과를 꾸준히 학술회의를 통해 논의해 오고 있었다. 하지만 한국불교의 순례 문화는 그동안 보편화되지 않았으며 더구나 이러한 대대적인 학술회의는 그동안 열린 적이 없었다고 한다. 물론, 성지 순례 같은 행사는 개인이나 사찰에서 수시로 갔다 온 적은 많았다. 때문에 국내 몇몇 언론들은 108산사순례를 조명하는 다양한 논평들을 실었다.

"순례는 신앙을 재확인하고 자기 성찰을 위한 수행방법이며 가장 수준 높은 여행이다. 자신을 돌아보고 발견하는 것은 물론 영적인 효과까지 거둘 수 있는 것이 순례이다. 이는 종교나 민족, 인종, 국가에 상관없이 순례가 세계 모든 곳에서 실천되는데 108산사순례는 한국불교의 새로운 장을 열었다. 그러므로 산사 순례는 일종의 구법 여행이며 불자들에게는 일상에서 잠시 벗어나 참나眞我를 찾는 실천법이다. 한국은 그동안 순례 문화가 정착되지 않았지만 최근의 걷기 열풍에 맞물려 선묵 혜자 스님의 108산사순례는 새롭게 조명받고 있다."

물론 이외에도 많은 논평이 있었다. 이러한 찬사에 대해 나는 적지 않은 부담감을 느끼고 있지만 최선을 다해 회향하려고 한다.

이날 청담 스님의 제자이시고 나의 사형인 현성 스님의 '인욕'에 관한 격려의 말씀도 불자들에게 많은 도움이 되었을 것이다. 요약해 보면 "평소 은사이신 청담 스님께서는 제자들에게 인욕생활을 강조하셨다. 인욕이란 단순히 참는 데에만 그치는 것이 아니라 이 세상의 온갖 고통과 번뇌 등을 참는 불교수행법의 하나로시 비록 남으로부터 모욕이나 고통을 받거나 번뇌가 일어난다고 해도 이를 참고 원한을 일으키지 않는 생활을 말한다. 그러므로 인간 생활 중에서 가장 귀중한 것은 인욕이다"라고 말씀하셨다.

나와 불자들이 대장정의 '108산사순례를 회향'하기 위해서 가장 필요한 것은 바로 '인욕'이다. 사람들은 누구나 자기를 칭찬하면 즐거워하지만 모욕하면 화를 낸다. 이것이 바로 범부의 세계이며 사바세계娑婆世界이다. 그런데 여기에서 사바란 바로 '인토忍土'라는 것을 아는 불자들은 드물다. 즉 '참고 사는 땅'이라는 뜻이

다. 우리는 하루하루 자신에게 주어진 일을 참고 인내하며 살지 않으면 안 된다.

'108산사순례'의 최종적 목표는 선행보시를 하며 '인욕 생활'의 실천이다. 이번 '순례국제학술회의'는 여러모로 우리에게 좋은 것과 나쁜 점을 많이 지적했다. 산사 순례를 다니면서 반드시 지켜야 할 것은 환경보호이다. 사찰은 문화재의 보고寶庫이기 때문에 나뭇가지 하나 돌 하나라도 함부로 해서는 안 된다. 이렇듯 우리는 변화를 모색하고 연구 실천하지 않으면 안 된다. 이젠 '108산사순례기도회'를 바라보는 사회적 여론과 시선은 남다르다.

우리는 그 횡보의 중간 지점에 있다고 해도 과언이 아니다. 우리는 이 세상에 살면서 인내하지 않으면 안 된다. 사바세계에 사는 범부들은 저마다 짧은 자신의 생각으로 세상사를 살고 있기 때문에 수많은 마찰과 충돌 그리고 다툼이 생긴다. 우리가 산사 순례를 하는 것도 이러한 모욕과 고통, 번뇌를 이기고 생활 속에서 흩트리지 않고 자기의 본래 면목을 밝히기 위한 것이다.

말로는 쉬우나 지극히 행하기가 어렵기 때문에 우리는 '성지 순례'를 통해 이를 배우고 있는 중이다. 우리가 '산사 순례'를 하다가 보면 세상이 주는 고통스럽고 때론 슬프고 즐겁고 기쁜 일조차도 스스로 감정을 다스려 아주 평온한 마음을 얻게 될 것이다. 이것이 '해탈'이고 '성불'이다.

순례 통해 불법 만난 인연은
억겁의 공덕

산문에 확연히 봄이 왔다. 도선사 입구에 진달래꽃이 활짝 피어 있어 산객들의 마음을 즐겁게 한다. 올해는 사월에 때 아닌 눈이 내려 꽃망울이 얼어붙어 땅에 떨어지더니, 채 피지 못한 꽃들이 이제야 망울을 터뜨린 것이다. 춘래불사춘처럼 우리 마음속에 봄이 더디게 온 것은 천안함 침몰 때문에 더욱 그런 것 같다. 꽃다운 병사들의 목숨이 지고 말았으니 국민들의 슬픔은 이루 말할 수가 없다. 여기저기에서 성금이 줄을 잇고 도선사도 성금 운동에 동참했다.

『화엄경』에 보면 '心如工畫師 能畫諸世間심여공화사 능화제세간 五

蘊實從生 無法而不造 오온실종생 무법이불조 若人欲了知 三世一切佛 약인욕료지 삼세일체불 應灌法界性 一切唯心造 응관법계성 일체유심조'라는 사구게가 있다/ '마음은 화가와 같아 능히 모든 세상을 다 그린다. 오온이 모두 마음으로부터 나온 것이니 만들지 않는 것이 없다. 만약 사람들이 과거 현재 미래의 부처를 모두 알고 싶거든 마땅히 법계의 성품을 비추어 관할지니 일체 모든 것은 마음으로 지어졌다.'

이 경전의 위대함을 일러 주는 재미있는 이야기가 있다. 불심은 조금 있으나 주색잡기에 빠져 있었던 중국의 왕명관이라는 사람이 죽어 염라대왕의 심판을 받기 위해 지옥문 앞에 서 있다가 우연히 한 스님을 만났는데 지장보살님이었다. 스님은 그래도 부처님과의 인연이 있으니 그를 구제하기 위해 이 게송을 염라대왕 앞에서 읽으라고 했다. 왕명관은 시킨 대로 염라대왕 앞에서 이 게송을 외웠는데 염라대왕이 탄복하여 그를 다시 태어나게 했다. 그 후 부처님께 귀의하여 큰스님이 되었다고 한다.

이 한 구절의 게송을 외웠다는 사실만으로도 지옥을 벗어날 수 있었다고 해서 이 사구게를 '파지옥의 게'라고 불린다. 이처럼 『화엄경』은 대승경전 중에서도 최고의 경전으로 불린다. 비록, 왕명관이 주색잡기에 빠져 평생 못된 짓만을 하고 다녔으나 그래도 불교와의 인연을 가진 터라 지장보살님이 그를 구제해 주었던 것이라고 할 수 있다. 만약, 왕명관이 불교와의 인연이 없었더라면 그는 무간지옥에 빠져 살아 돌아오지 못했을 것이다.

내가 오늘 이 이야기를 불자들에게 들려주는 것은 '인연' 복 때문이다. 나는 평소 회원들에게 인간이 가진 복福 중에서 제일 귀한 것이 인연복임을 강조해 왔다. 우리 불자들과 나는 '108산사순례'라는 인연으로 9년간의 대장정을 시작했다. 나와 함께 산사순례를 시작한 불자들은 마치 이 『화엄경』의 사구게를 읽은 것처럼 위대한 순례를 나섰다고 할 수 있다. 불심이 있든 없든, 이 산사 순례에 참석한 사람들은 크나큰 인연복을 얻을 것임을 믿어야 한다.

그렇지 않은가. 어떤 처사는 '108산사순례'를 회향하고 난 뒤 그 염주를 꿰어 염라대왕 앞에 함께 가져가겠다는 말을 한 적이 있었다. 어쩌면 이 말은 왕명관이 염라대왕 앞에서 '사구게'를 읊은 공덕으로 지옥문을 벗어나 새로 태어난 것보다 더 큰 공덕이기 때문이다. 왕명관이 지옥문 앞에서 지장보살을 만난 것도 불교에 대한 인연 때문이며 여러분이 나를 만나 108산사 순례를 나서는 것도 하나의 인연이다.

순례법회에 참석한 '묘련성'이라는 보살님은 2년 전부터 산사순례를 다녔다. 결혼 초기부터 남편이 직장을 다니는 둥 마는 둥 성실하지 못해 마음고생을 많이 했는데 '108산사순례'를 다니면서 부처님께 "남편이 새 사람이 되도록 간절히 서원을 세웠다"고 한다. 그 보살님은 부처님이 계신 룸비니 동산에도 함께 갔었는데 3천여 개의 촛불로 만든 꽃길을 따라 탑돌이를 하면서 가족들의 행복을 서원했다. 그런 지금, 남편은 완전히 딴 사람이 되어 성실하게 직장에서 열심히 일을 하고 있다고 한다.

이 모든 것이 108산사순례와 선묵 혜자 스님을 만난 인연복이라고 했다. 그 보살님은 108염주를 향하여 이 세상 끝까지 따라가 아름다운 추억의 염주, 위대한 염주를 만들 것이라고 한다. 이처럼 불법을 만난 인연은 『화엄경』의 '파지옥의 게'처럼 위대한 것이다.

순례 통해
무주상보시 · 인연법 체득

108산사 제44차 순례지인 경주 기림사로 가는 길목, 하얀 벚꽃이 비 오듯 바람에 흩날렸다. 회원들은 깊디깊은 전생의 인연으로 해동성지를 찾아 기도를 올렸다. 뒤늦게 찾아온 봄은 회원들의 마음을 설레게 했다. 특히 LA에서 예정도 없이 오신 비구니 가수 정율 스님의 열정적인 찬불가로 인해 더욱 즐거웠다. '꽃잎이 떨어져도 그 떨어질 곳을 미리 알고 있다'는 말이 있다. 이것이 부처님 사상인 '인연'이며 '연기'가 아니겠는가.

한국불교 최초의 해동海東 불교성지인 기림사의 순례는 회원들에게 특별한 의미를 갖게 했다. 일반적으로 한국에 불교가 전래

된 것은 고구려 소수림왕 17년372년이라고 알고 있지만 학자들의 사료史料에 의하면 이미 한국에 불교가 들어와 있었다고 추측하고 있는데 그곳이 바로 기림사이다. 세종대왕이 지은 《월인천강지곡》에도 불교는 인도의 승려인 광유성인에 의해 해동기림사로 먼저 들어왔다고 되어 있다.

통일신라의 찬란한 불교 문화를 꽃피운 대표적인 유적지는 불국사이다. 하지만 실제 본사가 경주 기림사였다는 것을 아는 불자는 드물다. 당시만 해도 웅장한 113채의 전각들이 있었는데 조선 시대 때 화재로 인해 거의 소실되었다. 기림사의 근원 또한 석가모니 부처님이 생전에 제자들과 함께 수행했던 승원 중에서 첫손에 꼽히는 기원정사에서 기인한다. 그 기원정사의 숲을 기림祇林이라 하여 그런 연유에서 붙인 이름이다. 한국의 성보사찰 중에서도 기림사는 지장기도처로 매우 유명한 곳이어서 회원들의 신심은 그 어느 곳보다도 각별했다.

석가모니 부처님이 가섭존자를 제자로 받아들일 때도 그러한 '인연'법을 매우 중시했다. 인도의 최상층 계급인 브라만의 자식이었던 가섭존자는 어느 날 부모님이 돌아가시자 수행자가 되기 위해 죽림정사에 머물고 있는 석가모니 부처님을 친견했다. 부처님은 가섭존자를 보고 첫마디를 던졌다.

"이제야 왔습니까? 내 그대를 기다린 지 참으로 오래되었소."

가섭존자는 전생부터 부처님과 기이한 인연이 있었음을 알고 그 순간 귀의하여 수행제일의 제자가 된다. 40여 년 후 부처님이 열반에 드시고 다비식을 했는데 아무리 불을 지피려 해도 장작에 불이 붙지 않았다. 당시 가섭은 멀리 있어 열반 소식을 몰랐다. 일주일 후 오백 비구들을 거느리고 부처님이 모셔져 있는 관으로 다가가 불을 지피자 활활 타올랐다. 부처님은 열반을 하고서도 말없음의 선법禪法을 가섭존자에게 전한 것이다.

오늘날 조계종의 종지인 선종禪宗의 시작이다. 만약, 가섭이 부처님과의 인연으로 출가를 하지 않았다면, 중국은 물론, 한국과 일본에 선종이 전파되지 않았을지도 모른다. 이것이 바로 부처님과의 '인연'이다.

지난주 나는 한 할머니 불자로부터 놀라운 이야기를 들었다. 108산사순례에서 우리 회원들이 하는 선행 중에 지역경제 활성화를 위해 지역의 특산물을 사 주는 '농촌사랑운동'이 있다. 보살님은 순례 때마다 그 지역 특산물을 사서 미국 오하이오주에 사는 노령의 친구에게 보냈다. 그 친구는 미국으로 이민을 가 큰 사업가로 성공을 했지만 평소 고국의 향수가 물씬 배어 나오는 농산물을 맛보는 것이 소원이었다고 한다. 할머니는 친구를 위해 농산물을 사서 항공으로 부쳤던 것이다.

며칠 전, 할머니는 친구와 한국에서 해후를 했다. 그런데 금으

로 만든 이천만 원 상당의 롤렉스시계를 그 친구의 남편이 선물한 것이다. '얼마나 한국의 음식이 그립겠는가'라는 생각에 그저 농산물을 사서 보냈는데 오히려 감당할 수 없는 선물을 받았다고 했다. 물론, 그 친구는 오하이오주에서도 몇째 가는 부자여서 그 정도는 아무것도 아니겠지만 할머니로서는 고민이 이만저만 아니다. 이 모든 것이 108산사순례의 '농촌사랑운동' 덕분이라고 하셨다. 이렇듯 남에게 아무런 대가를 바라지 않고 베푸는 무주상보시는 언젠가 반드시 자신에게 가피로서 돌아온다.

다문화가정 손 잡는
아름다운 여정

　지난 일요일, SBS 일요스페셜 '세상을 바꾸는 행복한 인연'이라는 제목으로 산사순례기도회가 방영되었다. 산사순례기도회의 결성에서부터 농촌사랑운동, 108 다문화가정 인연 맺기, 소년소녀가정 장학금 전달식 등 다양한 활동들을 여과 없이 시청자들에게 보여 주었는데 특히 이 중에서 '다문화가정 인연 맺기'에 대한 방영은 많은 시청자들의 심금을 울렸다.

　캄보디아 한 여성의 이민을 통해 그들이 처한 아픔을 담담히 그리고 있었는데 산사순례 회원들의 지원으로 고국을 찾게 된 이야기이다. 그러나 그녀의 친정아버지는 보고 싶은 딸의 얼굴을 보지 못하고 그만 세상을 뜨고 말았다. 아버지의 임종을 보지 못했던 그 결혼 이민 여성의 아픔은 이루 말할 수 없었을 것이다. 나는 그날, 장례식에 참석하여 염불을 대신 해 주었다. 어쨌든 산사순례가 없었다면 그녀와 나의 인연은 결코 시작되지도 않았을 것이다. 이렇듯 순례는 '세상을 바꾸는 행복한 인연'임이 틀림없다.

  최근 국제결혼 가정이 급증, 약 3만여 쌍에 이르고 있고 그에 따른 자녀들도 약 3만여 명에 이른다고 한다. 그들이 집을 떠나 물설고 낯선 이국땅에서 마음 편하게 한 가정을 꾸릴 수 있도록 하는 것은 우리 국민 모두의 책임이라 할 수 있다. 그러나 그들의 적응 사례가 우리 사회의 또 다른 문제로 이슈화되고 있는 실정이다. 결혼 이민 여성에 대한 사회적 편견과 가출, 이혼, 폭력 등의 부정적 사례가 빈번하게 발생하고 있다.

  그들에게 불교가 먼저 따뜻한 포교의 손을 내밀어야 한다. 그런 가운데 산사순례기도회가 '다문화가정 인연 맺기' 행사를 가지는 것은 참으로 잘한 일이라는 생각이 든다. 이것이 곧 부처님의 뜻이며 미래불교의 참모습이다. 전 총무원장이신 월주 스님의 '지구촌공생회'에서의 '우물 일천 기 파기 운동' 등도 일종의 포교운동이다. 결코 포교란 멀리 있는 것이 아니라 우리 가까이에서 먼저 이루어져야만 한다.

그동안 산사순례기도회에서는 '다문화가정 인연 맺기'를 시작하여 그동안 많은 쌍이 인연을 맺었다. 이민 여성들에게 있어 가장 필요한 것은 자신들의 외로운 마음을 털어놓고 이야기할 수 있는 사람인데 이는 남편도 가족도 아니다. 나는 그러한 그들에게 친정어머니를 만들어 주고 사랑하는 언니를 만들어 주는 것도 곧 포교라는 생각이 들었다.

대부분의 이민 여성들은 처음에는 쉽사리 마음의 문을 열지 않았지만 우리 회원들의 정성 어린 격려와 노력 덕분으로 서서히 열었다. 이것이 바로 포교이다.

아미타불을 열 번만 외워도 극락에 간다는 말이 있다. 그러나 이보다 더 수승한 공덕은 포교이다. 만일 한 사람의 불자가 죽을 때까지 열 명만 포교를 한다고 해도 이는 실로 엄청난 일이며 참으로 그 공덕은 이루 말할 수 없을 것이다.

부처님은 생전에 제자들을 모아놓고 "아무리 참선을 열심히 하고 수행한다고 하더라도 어리석은 중생을 위해 포교를 하지 않으면 아무런 소용이 없다"고 포교에 대해 강력하게 말씀하셨다.

포교는 부처님께서 제자들에게 내린 제1 사명이다. 심지어 부처님은 하루에 단 한마디씩이라도 법을 전하라고 하셨으며 만약 전하지 않으면 율법律法에 따라 법대로 다스릴 것이라고 율장 35장에 나와 있다. 그토록 자비를 강조하셨던 부처님조차 포교에 대해서는 매우 강력한 지시를 하셨던 것이다.

　지난주 기림사에서 나는 한 불자님에게서 편지를 받았다. 그날은 며느리가 신장에 돌이 생겨 수술을 받는 날이었는데 차마 산사 순례를 빠질 수가 없어 애써 참여하였다고 한다. 그런데 눈을 감고 108배를 하던 중에 몸속에서 커다란 돌이 빠져나가는 것 같은 기운을 받았다고 한다. 그날 기도 덕분인지 며느리는 무사히 수술을 마치고 퇴원하여 건강을 되찾았다. 참으로 기이한 일을 경험했다고 한다. 이것이 부처님의 가피가 아니겠는가?

선행 · 보시 실천함은
부처님 제자된 도리

　불교에는 4대 명절이 있다. 누구나 태어난 날이 있듯이 부처님에게도 생일이 있다. 그날이 바로 음력 4월 8일 부처님오신날이다. 부처님께서는 인간으로 태어나셨지만 나중에 깨달음을 얻으시고 많은 중생들을 구제하여 성자가 되셨기 때문에 우리가 이 날을 성대하게 기리는 것이다.

　음력 2월 8일은 부처님이 도道를 닦기 위해 출가한 날이고, 음력 12월 8일은 보리수 아래서 성도를 한 성도재일이다. 음력 2월 15일은 인간으로서 부처님이 육신을 거두고 열반에 드신 날이다. 이 명절들은 불교에서 제각각 엄청난 의미를 지니고 있다. 특히 부처님오신날은 이 4대 명절 중에서도 가장 특별한 날이다. 만약, 석가모니 부처님께서 이 땅에 오시지 않았다면 불교는 이 세상에 존재하지도 않았을 것이다.

출가절은 부처님께서 진리를 찾아 고행의 길을 나선 첫날이니 그 자체의 의미로 보아도 대단하다. 만약, 왕자이신 부처님께서 부귀를 누리시고 출가를 하지 않았다면 불교도 없었을 것이다. 성도재일도 마찬가지이다. 성도란, 깨달음을 얻었다는 말인데 이 일은 당시의 사람들에게는 매우 충격적인 일로 받아들여졌다. 왜냐하면, 탄생과 출가는 누구나 할 수 있는 일이지만 깨달음을 얻는 일은 참으로 어렵기 때문이다.

이 지구 상에는 수많은 종교가 존재한다. 그러나 사람으로서 진리를 깨달아 성자가 되신 분은 석가모니 부처님이 유일하다. 열반절 또한 당시의 불교교단에서 매우 충격적인 사건으로 받아들여졌는데 오늘날 부처님의 생애 가운데 가장 상세하게 전해지는 것도 열반의 과정이다.

이 4대 명절 외에 우리 불자들이 반드시 알고 있어야 할 것은 부처님이 집을 떠나 고행을 하고 깨달음을 얻고 중생구제를 위해 45년 동안 설법을 전하시다가 열반에 들기까지의 행적이라 할 수 있다. 그 대표적인 것이 인도에 있는 불교 4대 성지이다.

이 불교의 4대 성지들을 순례하는 것은 부처님이 태어나 출가

하여 성도하고 열반에 드실 때 직접 제자들에게 일러 준 최고의 수행법이라 할 수 있는데 그것은 『열반경』에서도 자세하게 나타난다.

부처님이 대장장이 춘다가 준 공양을 먹고 열반에 드실 때 시자인 아난다가 부처님께 예를 올리며 물었다.

"세존이시여. 열반에 드시면 저희들은 무엇을 어떻게 하면 좋겠습니까?"

그때 부처님은 이렇게 말씀하셨다.

"아난다여. 걱정할 것 없다. 내가 떠난 뒤 너희들은 내가 태어난 룸비니 동산과 그리고 성도를 이룬 보드가야, 법륜을 처음으로 굴린 사르나트, 그리고 열반에 든 쿠시나가르를 순례하라.

이 네 곳을 순례하게 되면 비록 내가 없어도 나의 가르침에 따르는 것과 다름없다는 것을 알게 될 것이다. 나는 그곳에서 언제나 그대들을 기다리고 있겠다. 항상 모든 것은 덧없음을 알고 힘써 끝없이 정진하면 된다. 제행무상諸行無常 불방일정진不放逸精進."

이것이 부처님이 아난다에게 한 마지막 유훈遺訓이다.

말하자면, 부처님께서 왕자의 지위를 버리고 누더기를 걸치고 맨발로 구도자로 다니신 그 1,500km의 길은 그야말로 고독한 순례자의 길이었던 것이다. 그러나 우리 불자들은 불교의 4대 명절과 불교의 4대 성지를 제대로 알고 있는 이가 그리 많지 않다. 적어도 108산사순례 회원이라면 이 정도는 배우고 익혀 알아야 한다. 우리가 산사 순례를 떠나는 이유도 바로 여기에 있다. 부처님께서 제자들에게 열반 후 자신이 태어나고 출가하고 깨닫고 열반하신 곳을 순례하면서 끝없이 정진하라고 하셨던 것도 이 때문이다.

이와 같이 우리가 108산사순례를 하고 있는 것도 부처님의 제자된 도리로서 부처님의 뜻을 새기고 선행 보시를 하여 큰 공덕을 쌓기 위함임을 가슴 깊이 새겨야 한다.

순례는 생활 속
심신 행복 찾는 수행의 장

'성지 순례'는 하나의 신앙여행이다. 성지 순례를 완수한 사람은 '지옥에 떨어지지 않는다'는 염라대왕의 약속도 있듯이 인도·티베트·일본 등 불교 국가들은 '내생의 안락'을 발원하기 위해 순례를 나서며, 이를 통해 자신이 저지른 잘못을 참회하고 청정한 세계에 들기 위함이다.

불교의 최대 장점은 '다생다사관多生多死觀'에 있다. 타 종교는 한 번 태어나 죽으면 천당에 가거나 지옥에 가는 '일생이사관一生二死觀'인 데 반해 인간은 단 한 번 태어나 죽는 게 아니라 자신이 쌓은 공덕에 의해 육도윤회를 하거나 다시 인간 세상에 태어난다는 데에 있다.

 오늘날, 어떤 사람들은 사후死後세계를 믿지 않는다. 사람에게 이러한 내생來生관이 없다면, 한 생을 제멋대로 살다가 죽을 수도 있다. 그러나 내생을 믿는 사람은 두려움 때문에 결코 죄를 짓지 못한다. 그래서 불교는 생과 사가 다르지 않다고 강조하고 있는 것이다.

 만약, 사후세계가 없다면, 인간 또한 행복한 죽음을 맞이할 수 없다. 내가 없는 세상은 아무런 의미가 없다고 생각한다면 남을 위한 자비심도 생기지 않고 오직 자신만을 위한 삶을 살지도 모른다. 이러한 세상은 한마디로 말해 황폐한 삶만 존재할 뿐이다. 불치병에 걸린 사람이 사후에도 또 다른 세상이 자신에게 놓여 있다고 생각한다면 비록, 죽음이 두려울지라도 마음만은 평온할 것이다.

 이처럼 불교에서의 생사 문제는 인간 생명의 시작과 끝이 아니라 본질적으로 떨어질 수 없는 관계에 놓여 있다. 그 때문에 산사 순례는 '생生'이란 무엇인가를 돌이켜 보게 되는 계기가 된다. 여기에 성지 순례의 순수한 목적이 있는 것이다.

 그뿐만 아니라 성지 순례는 '육신과 마음'을 청정의 세계로 이끈다. 인간의 몸은 '육신과 정신' 그 두 가지로 이루어져 있다. 육신은 '안이비설신의眼耳鼻舌身意' 육근六根과 '색수상행식色受想行識'

의 오온五蘊, '지수화풍地水火風'의 사대四大로 이루어져 있으나 그 몸의 주인은 '마음'이다.

순례의 의미는 자신의 몸과 마음에 시련을 주어 '마음'을 닦는 데에 있다. 성지 순례 그 자체가 자신의 존재적 가치에 대한 되물음이며 성지는 곧 수행의 장소이기 때문에 인생의 행복을 위해 절대적으로 필요하다. 또한 미래에 다가오는 죽음의 문제에 보다 초연해질 수 있는 마음을 다지게 하는 시간을 준다. 이 점이 많은 사람들이 비록 고난의 여정이라 할지라도 순례를 나서고 있는 근본적인 이유이다.

순례 날이 되면 회원들은 부처님의 가피를 입은 느낌이 들 때가 있다고 한다. 평소에는 몸이 좋지 않다가도 순례 날이 가까이 오면 높았던 혈압이 정상으로 되돌아온다든지 때론 피곤했던 몸이 좋아진다고 한다. 심지어 108산사순례 회향의지 때문인지 아무리 바쁜 일도 자연스럽게 뒤로 미루어지는 일이 다반사라고 한다.

순례에 참석하는 분들의 평균 연령은 50대인데 최근에는 30~40대의 젊은 층이 많이 증가하고 있다는 것은 매우 고무적이다. 이는 성지 순례가 단순히 신앙의 여행이 아니라 생활 속에서의 정신적, 육체적 행복을 느끼기 위한 순례로 전환되었음을 보

여 주기 때문에 사회적으로도 큰 반향을 일으키고 있다고 볼 수 있다.

그래서 나는 '바른 마음 자비실천으로 아름다운 세상을 만들어 가는 것'을 목적으로, 다음과 같은 10대원을 세웠다. '첫째, 삼보님을 믿고 찬탄 공경합니다. 둘째, 모든 중생들에게 널리 베풉니다. 셋째, 이웃에게 칭찬의 말만 합니다. 넷째, 생활하며 지은 잘못을 참회합니다. 다섯째, 다른 사람의 공덕을 함께 기뻐합니다. 여섯째, 부처님의 가르침을 배우고 실천합니다. 일곱째, 이웃들에게 거스르지 않는 행동을 합니다. 여덟째, 정법을 따르고 삿된 행을 하지 않습니다. 아홉째, 대중의 뜻에 따르고 화합합니다. 열 번째, 모든 수행의 공덕을 중생과 깨달음의 길로 돌립니다'이다.

초코파이 선행
군포교 새 역사 열어

 제 45차 '108산사순례' 발길이 가 닿은 곳은 신라 경문왕 때 도의국사가 창건한 천년고찰 완주 송광사였다. 5월 하늘은 더없이 맑아 종남산에서 불어오는 신선한 바람이 가사자락을 훔쳤다가 향긋한 꽃내음을 절 마당에 풀어 놓았다.
 일주문 앞에는 두 장승이 서 있고 이 문을 통과할 때는 세상의 모든 알음알이와 삼독심을 버리고 경건한 마음으로 부처님을 마주하라는 '入此門內 莫存知存입차문내 막존지존'의 경구經口가 회원들의 마음을 먼저 적셨다. 이 말씀은 우리들에게 '순례지를 방문하면 할수록 내려놓는 하심'을 먼저 배우게 하는지도 모른다. 마치 맑은 그릇을 깨끗이 비웠을 때 감로수를 받을 수 있듯 탐진치 삼독심을 버려야만 청량한 바람이 부는 것처럼 말이다.

그래서 불가佛家에서는 일주문을 두고 속계와 진계의 경계라고 한다. 즉 밖은 세속의 때에 전 속계요, 안은 부처님의 세계인 진계인 것이다. 그러므로 이 문을 통과할 때는 욕망, 화냄, 어리석음에 물든 속진俗塵을 버리고 진실로 부처님에게 다가서는 마음자세를 지녀야 한다.

나는 도영 주지 스님과 함께 나란히 서 있는 일주문, 금강문, 사천왕문을 거쳐 순례회원들과 함께 부처님이 계시는 대웅전으로 첫발을 내디뎠다. 송광사는 종고루, 대웅전, 지장전, 적묵당, 극락당, 나한전, 관음전 등 많은 당우들이 넓은 대지에 자리를 잡고 있어 웅장한 천년 고찰임을 한눈에 알 수 있다. 워낙 큰 도량이라서 부처님 오신 날 연등을 예쁘게 거는 데 많은 어려움을 겪었다고 한다. 송광사 하면 빼놓을 수 없는 것이 있다. 소조삼불좌상 오른쪽에 있는 아미타여래좌상이다. 국가에 나쁜 일이 생길 때마다 땀을 흘리는 불상으로 유명한데 1997년 12월 국제통화기금IMF 외환위기 때도 땀을 흘렸다고 전해진다.

오늘날의 송광사가 있기까지 애쓰신 분은 현 주지이며 전 포교원장이셨던 도영 큰스님이다. 불자들에게 법문을 하시면서도 가수 못지않게 노래를 잘 불러 '노래하는 포교원장'으로 널리 알려진 스님은 이날도 애창곡인 '천년바위'를 음성공양하셨다. 그 동안 법문만을 들어 온 우리 회원들에게는 정말 유쾌하고 새로운 느낌이 들었을 것이다. 이렇듯 우리 108산사순례는 가는 곳마다 새로운 추억을 하나씩 만들면서 또 하나의 염주를 꿰고 있는 것이다.

내겐 도영 스님 하면 빼놓을 수 없는 즐거운 추억이 있다. 스님의 요청을 받고 군종교구에 법문을 하러 갔었는데 장병들에게 초코파이를 나누어 주는 모습을 처음 보았다. 사회에서는 거들떠보지도 않는 초코파이지만 돌아서면 배고픈 장병들에게 초코파이는 최상의 간식임을 그때 알았던 것이다.

그 후 2007년 2월, 우리 5천여 명의 기도회는 제6차 관촉사 순례를 마치고 논산 연무대 신병훈련소에 초코파이를 전하기로 했다. 그때 장병들은 눈이 내린 연병장에서 고된 훈련을 받고 있었다. 한 상자에 3천 원에 불과한 작은 간식이었지만 그 속에는 아들을 사랑하는 부모님의 마음이 듬뿍 담겨 있었다. 당시 초코파이를 탁자에 쌓아 두었는데 신병들이 서로 가져가려다가 탁자 다리가 부러지고 말았다. 그중에서 몇 개는 상자가 터져 땅에 떨어졌다. 신병들은 그것을 보자 서로 먼저 주워 가려고 했던 것이다.

그 순간, 이 모습을 본 나와 어머니들은 그만 눈시울을 붉게 적시고 말았다. 이러한 과정을 거쳐 108산사순례의 '초코파이 행복'

은 지금까지 이어져 200여만 개가 장병사랑으로 이어졌다. 이날 도영 스님은 초코파이에 대해 '부처님의 32상相과 48대원大願'의 의미를 부여하며 회원들에게 빠짐없이 초코파이 선행을 계속 해 주시기를 부탁했던 것이다.

 그 덕분인지, 오후 종남산 서쪽 하늘에 일원상一圓相 무지개가 찬란하게 108산사순례에 화답和畓하고 있었다. 회원들은 모두 환희심에 젖어 환성을 터뜨렸다. 송광사에서도 부처님이 우리들에게 지극한 가피를 내려 주신 것이었다. 참으로 우리에겐 특별한 송광사 순례 길이었다.

순례와 사경은
가피의 원천이다

나는 '108산사순례' 회원들에게 사경을 매우 강조한다. 사경은 경전 내용을 필사하는 것을 말하는데, 석가모니께서 입멸하신 후 구송으로 전해지다가 제자들이 결집하여 문자화한 부처님 말씀이 경전이다.

원래 사경은 경전의 내용을 널리 전파하거나 배우기 위해 시작되었다. 그러나 방대한 분량의 경전을 사경하는 일은 신앙심과 정진력이 없으면 결코 할 수 없다. 때문에 우리나라 중국에서도 공덕의 척도를 재는 중요한 수행법의 하나로 발전하였다. 불가에선 만다라를 그리는 것이나 깨알 같은 글로써 부처님의 형상을 그리는 행위 또한 사경의 범주로 인정한다. 오늘날 이러한 사경들은 하나의 예술적 가치로 희화戲畵되어 하나의 예술로도 인정을 받고 있다.

후한後漢 영제靈帝 광화光和 2년에 지루가참支婁迦讖에 의해 한역된 『도행반야경道行般若經』과 『반주삼매경般舟三昧經』에 사경을 하면 공덕이 크다는 내용이 있다. 이를 볼 때 2세기 이전부터 사경은 수행의 하나로 이어왔다는 것을 짐작할 수 있다.

두 경전 외에도 『방광반야경放光般若經』『수능엄경首楞嚴經』『법화경法華經』 등의 여러 대승경전에서도 사경의 공덕을 높이 평가하고 있다. 특히 대승大乘 교도들은 서사書寫를 장려했는데 주로 인도보다 서역西域에서 많이 행해진 것으로 보인다. 중국에서 한역될 때는 번역된 경문이 필수자筆受者 등에 의해 즉시 깨끗하게 필사되었던 것도 이러한 사경의 노력 때문이다.

물론, 오늘날 인쇄술의 발달로 그 의미가 다소 감소된 것은 사실이지만 불교에서 사경의식은 하나의 수행방법이다. 몸을 바르게 하고 마음을 고요히 하여 경전을 필사함으로써 심신을 다지는 그 자체가 하나의 수행인 것이다. 특히 사경은 무한한 부처님의 가피력이 있다. 이것이 내가 우리 108산사순례 회원들에게 틈틈이 사경을 권하고 있는 근본적인 이유이다.

우리 회원 중에 사경의 가피를 받으신 분이 계신다. 무위행 보살님의 사연은 우리 모두를 깜짝 놀라게 했다. 공무원인 그는 토요일에만 순례를 나서는데 2년째 되는 날, 엄청난 일을 겪었다고 한다. 그는 순례가 없는 날이면 남편과 두 자녀 그리고 자신을 위해 '광명진언 탑 다라니' 사경을 한 달에 1,080번씩 4,320회씩 그동안 약 8만여 번을 했다고 한다. 아들이 수능을 앞둔 전 날, '스님이 꿈속에 나타나 목탁을 치며 독경을 해 주셨는데 그 후 서울대학교에 무난히 합격하였다'고 한다. 그는 부처님께 감사한 마음으로 언제나 '관세음보살님, 관세음보살님' 외우면서 똑같이 산사 순례와 사경을 계속했다고 한다.

그러던 어느 날, 또 한 번의 놀라운 부처님의 가피가 나타났다. 지난해 12월 22일 업무 차 두 명의 일행과 함께 강원도 출장을 갔다가 돌아오는 길이었다. 미시령 부근에서 차가 눈길에 미끄러지면서 핸들이 돌아가 세 바퀴쯤 굴러 깊은 고랑에 처박혔다. 유리창은 순식간에 산산조각이 나고 차는 한 장 종이처럼 구겨지고 말았다. 그들은 정신이 멍한 상태로 부서진 문틈으로 간신히 기어 나왔는데 놀랍게도 자신은 물론 동행자도 다친 곳이 없었다.

그 후 그 보살님은 아들의 소망을 이루어 주시고 그것도 모자라 엄청난 재앙 앞에서도 부처님의 원력願力과 위신력으로 자신을 돌보아 준 것이 바로 산사 순례와 끊임없는 사경의 공덕 덕분임을 스스로 느꼈다고 했다.

그는 사연이 적힌 편지와 당시의 사고 정황을 알 수 있는 납작하세 찌그러진 자동차 현장사진을 나에게 보내 왔다. 큰 교통사고 뒤에도 아무런 부상 없이 몸이 무사할 수 있었던 것은 모두 자비로운 부처님 덕분이며 스님들의 간절한 축원 때문임을 깨달았다고 한다. 이렇게 무한 청정하게 받게 되는 것이 사경의 가피임을 우리 회원들은 깊이 명심하고 열심히 사경을 하였으면 한다.

청담 스님
출가 수행지 보며 감회

반도의 남쪽 고성 연화산 옥천사로 오르는 산길, 유월의 녹음이 짙게 깔려 있다. 나무터널 사이에서 산새들이 순례자들을 반기고 계곡에 흐르는 물소리가 『금강경』 몇 줄처럼 귓가에 와 닿는다.

무성화無性花의 불두화가 핀 돌층계를 지나 대웅전을 올라서니 문득, 은사이셨던 청담 스님의 진영이 아련하게 떠오른다. '종연생從緣生 종연멸從緣滅, 인연 따라 왔다가 그 인연이 다해 우주질서와 생사와 열반이 지난밤 꿈결 같다'는 스님의 경구가 귓가에 아른거리는 것은 회억回憶 때문일까? 태어남과 사라짐이 인연인 것처럼 내가 '108산사순례기도회'를 이끌고 이곳 연화산 옥천사

에 머물게 된 것도 은사 스님과의 끊을 수 없는 인연 때문이 아닌가 싶다.

옥천사의 유래는 깊다. 신라 문무왕 16년676년에 창건되어 의상대사가 세운 화엄십찰 중의 하나로 번성했었으나 화재와 중창을 거듭하다가 조선 후기 큰 중창이 이루어져 사세를 크게 확장했다. 당시 옥천사는 상주하던 사람만 340명에 이르고 물레방아만 12개가 돌아가던 거찰이었다. 현재도 옥천사는 중심 법당인 대웅전을 비롯해 자방루, 적묵당, 심검당, 팔상전, 나한전 등의 당당한 당우를 거느린 천년 고찰이다. 경내에는 사시사철 샘물이 마르지 않고 항상 수량과 수온이 일정하게 유지되는 샘이 있으며, 이 샘에서 나오는 약수를 장기간 마시면 위장병에 효험이 있다. 이 샘으로 인하여 옥천사玉泉寺로 불린다.

누구에게나 출가의 길은 험난하다. 청담 스님은 이곳에서 출가의 첫발을 내딛었다. 승僧에게 있어 출가는 곧 새로운 탄생이요, 고행길이다. 은사 스님 또한 그랬을 것이다. 은사 스님이 출가하신 옥천사에 산사순례기도회를 이끌고 온 감회는 말로 다 표현할 수 없을 정도로 깊다. 아마 스님은 이곳에서 그토록 애지중지하셨던 그 마음을 다스렸을 것이다.

순례 회원들은 범종들을 한 번씩 칠 수 있는 기회를 얻었다. 종소리는 연화산의 산자락을 울리고 나뭇잎을 흔들고 산열매를 떨어뜨리다가 마침내 내 안을 고요 속으로 이끌었다. 불가에서의 종소리는 삼독을 멸하고, 생로병사가 단절되어 마침내 초월의 세계로 이끄는 힘을 가지고 있다. 그 당시 은사 스님 역시 이 깊은 산골짜기인 옥천사에서 종소리를 들으며 열심히 공부를 했을 것이다. 그리하여 스님은 내 마음밖에는 아무것도 없음을 깨닫고 마침내 '정화불사'와 '중생구제'의 두 길만을 나섰다. 스님이 그러한 마음을 가졌던 곳이 고성 옥천사이다. 오늘따라 법정 스님이 은사 스님의 열반에 바치는 곡함이 떠오른다.

"스님! 마음밖에는 아무것도 없다는 그 뜻을 알면서도 빈 공간이 마른 바람소리처럼 들립니다. 부재중, 그것은 비단 스님의 방만이 아닙니다. 오늘의 한국불교 자체가 때로는 부재중입니다. 부재의 표제를 떼 버리고 한결같이 골몰하시던 스님은 가셨습니다. 이제 우리가 할 일은 비탄이 아니라 그 뜻을 받들어 화합정진하는 일입니다. 스님과 함께 우리가 죽지 않으려면 그 길밖에 없습니다."

마침내 스님은 '성불을 한 생 늦추어서라도 정화불사를 해야겠다'는 서원을 세우고 효봉, 동산, 금오 스님과 함께 오늘날 한국불교의 조계종을 탄생시켰다. 하지만 이젠 가시고 우리 곁에 없으시다. 아니 정화불사의 화신으로 우리들 곁에 남아 계신다.

은사 스님이 적멸에 드신 지 무려 40년이 흘렀다. 그리고 은사 스님을 모셨던 마지막 시자였던 나는 스님께서 출가의 발길을 내디딘 옥천사에 5천여 명의 회원들과 함께 와서 사찰에 서린 청담 스님의 유훈의 흔적들을 더듬고 있다. '육신은 집과 같아 집이 낡으면 허물고 새로운 집을 찾듯 스님은 어디에 집을 마련하셨습니까?'라는 법정스님의 애도사처럼 스님은 이 옥천사 어디쯤에 새로운 집을 마련하고 있을 것이다. 그래서인지 청담 스님의 사리탑 앞에서 염주보시를 하는 순간 일심광명 무지개가 서쪽 하늘에 찬란하게 떴다. 그 순간 나와 회원들은 환희심에 차올랐다. 참으로 감회 깊은 옥천사 순례였다.

도반 만나고 군장병과 아름다운 인연

인생을 살다 보면 참으로 '아름다운 인연'들을 많이 만난다. 부모와 자식, 친구, 스승과 제자, 부부 간의 인연 등 헤아릴 수 없이 많은 인연으로 싸여 있다. 나에게 있어 인연들 중 첫 번째 인연은 연꽃 같은 깊디깊은 진리의 가르침을 주셨던 부처님과의 인연이며, 두 번째는 나를 스님의 길로 인도해 주신 청담 스님과의 인연이다. 세 번째는 바로 108산사순례 길에 나선 회원들과의 소중한 인연이다.

사람에게는 매일매일 만나는 아침이 새롭듯이 늘 이 순간이 새롭다. 이 세상은 내일이면 새로운 세상을 만난다. 그것이 인생이다. 우리가 한 달 한 달 마음으로 찾아가는 산사 또한 새로운 인연을 짓는 곳이다. 만나는 산새와 풀꽃, 천년의 탑과 전각, 그리고 부처님과의 만남 또한 경이롭다. 이것은 평생 간직하고도 남을 소중한 여행이다.

나는 지난 4년간 순례기도회 회원들과의 인연을 참으로 기쁘게 생각하고 있다. 나와 회원들은 결코 풀리지 않는 견고한 매듭처럼, 인연의 끈으로 묶여 있다. 어디 그것뿐인가? 시간과 거리를 뛰어넘어 한 달에 한 번씩 물과 공기 좋은 곳에서 도반들을 만나고 스님의 법문을 만나는 기쁨 또한 빼놓을 수 없다. 이보다 더 좋은 인생의 여행은 아마 없을 것이다.

어느 날 산사 순례를 마치고 각자 즐거운 마음으로 돌아가는 버스행렬을 마중하고 난 뒤 새삼 깊은 생각에 젖어 들었다. 그때 나는 참으로 그들과 끊어질 수 없는 인연의 끈을 굳게 맺고 있음을 새삼 알았다. 그동안 염주보시를 하면서 한 사람 한 사람에게 염주 하나씩을 직접 전했다. 물론, 5천여 명의 회원들에게 일일이 염주를 나누어 주는 일은 시간도 많이 걸리고 육체적으로도 매우 힘들다. 하지만 한 분, 한 분씩 마음으로 바라보면서 염주를 건네며 주고받는 미소는 바로 부처님의 미소이다. 이 또한 나의 마음이며 산사 순례의 법도法道이다. 때문에 우리들에게는 언제나 좋은 일만 생기는 것인지도 모른다.

지난주 도선사 '108산사순례' 사무실로 뜻밖의 편지 한 장이 날아들었다. 그 감사의 편지는 108산사순례기도회 회원들이 그동안 초코파이를 장병들에게 보시한 것에 대한 오리온제과 임직원 일동이 보낸 것이었다.

'부처님의 자비와 사랑을 자사의 초코파이에 담아 나라를 위해 애쓰는 국군장병들에게 따스한 정을 전하고 계시는 선묵 혜자 스님과 5천여 명의 108산사순례기도회 회원님들의 신행에 큰 감동을 받았습니다. 선묵 혜자 스님의 글을 읽으며 초코파이를 받고 행복해하는 국군장병들의 모습이 떠올라 가슴 한구석이 뭉클해져 왔습니다. 국군장병들에게 초코파이가 단순히 작은 감사의 의미를 넘어 아들을 사랑하는 어머니의 마음이 느껴지는 위문편지만큼이나 따스함을 준다는 말씀에 자사는 더욱 큰 책임과 자부심을 느낍니다.'

이 편지는 조선일보에 실린 '장병들에게 보내는 초코파이 160만 개'라는 에세이에 대한 답례였다. 나는 편지를 읽고 가슴이 뭉클했다. 우리 어머니들이 행하는 초코파이 보시가 참으로 좋은 일임을 새삼 가슴으로 확인했기 때문이다. 우리가 행하는 보시는 그 어떤 대가를 바라는 것이 아닌 진실로 마음으로 하는 무주상보시에 다름 아니다. 그러나 이러한 작은 행이 국민들에게 감동을 주고 한 기업에게 희망을 준다는 것은 참으로 기쁜 일이 아닐 수 없

다. 그뿐만 아니라, 조선일보에 실린 기사의 댓글에는 어머니들의 이러한 노력이 장병들에게 대단한 위안이 되고 위문이 된다는 사연들이 줄줄이 올라왔다. 우리 108산사순례 회원들이 행하는 모든 보시들은 상징적으로 사회봉사의 선례가 된다는 평도 있었다.

  이렇듯 진실로 우리가 마음으로 보시를 행한다면, 우리는 어느 날 크나큰 부처님의 가피를 받게 될 것이다. 108산사순례는 스님과의 약속이 아니라 부처님과 자기와의 약속이다. 마음으로 한 곳씩 한 곳씩 사찰을 찾을 때마다 그동안 자신의 마음속에 낀 죄업과 때들을 벗게 된다는 것을 명심해야 한다.

굳은 신심으로 이어가는
순례가 곧 수행

산사순례에 다니는 회원들 중에 집안의 어려움이나, 개인적 문제로 상담을 요청할 때가 가끔 있다. 어느 날 친정어머니의 치매 때문에 고통스럽다는 회원 한 분이 나를 찾아왔다. 40세 전후의 이 보살은 나를 보자마자 눈가에 눈물이 글썽거렸다.

"어릴 적 아버지가 일찍 돌아가시고 어머니가 혼자 갖은 고생을 다하며 남매를 대학까지 공부시켰는데 이제 살 만큼 되니까 친정어머니가 그만 노환老患에 치매를 앓고 있습니다. 그런데 시댁 때문에 어머니를 제대로 돌보지 못해 그 죄스러움으로 인해 고통을 받고 있습니다."

그때 내가 할 수 있는 말은 격려와 용기뿐이었다. 사람의 병에는 두 가지가 있다. 하나는 육신의 병이요, 또 하나는 마음의 병이다. 어머니는 육신의 병을 앓고 있었지만 그 보살은 마음의 병을 오랫동안 앓고 있었다.

"삶이란 고난의 연속이며 그 과정 속에서 새로운 희망을 얻기 마련입니다. 산사 순례에 와서 열심히 기도를 하다 보면 어머니의 건강도 반드시 차도가 있을 것입니다. 마음이 정 괴로울 때는 법당에 앉아 부처님의 미소를 끌어안고 참배를 드리다 보면 세상의 모든 근심도 다 사라질 것입니다."

나는 안쓰러운 마음이 앞섰다. 그 보살은 한 달에 한 번 가는 순례마저 어머니의 병간호 때문에 자주 빼먹었지만 마음만은 늘 순례에 간다고 했다. 병간호를 위해 힘겨워 하면서도 산사 순례에 대한 지극한 마음을 나는 한눈에 다 읽을 수 있었다. 그로부터 몇 개월이 흘렀다. 산사 순례를 꾸준히 다니고부터 어머니의 병세도 날이 갈수록 좋아졌다고 한다. 물론, 아직은 같이 순례를 다닐 정도는 아니지만, 반드시 어머니와 함께 순례를 하겠다는 서원을 부처님께 올렸다고 한다. 어머니에 대한 지극한 사랑을 엿볼 수 있어 마음이 뭉클했다.

수행의 맨 처음 방법은 '인욕人慾'이며 이 '인욕'은 '마음 비움'에서부터 시작된다. 산사 순례의 모든 시작과 끝도 모든 고통으로

부터 참고 인내하는 것부터 시작된다. 어머니의 병으로 인해 고통을 받고 있는 그 보살의 마음은 비단 자신만의 것이 아닐 것이다. 그에게 절실한 것은 일상사의 모든 것을 자연스럽게 자신의 것으로 받아들이는 마음이며 그렇게 하다 보면 마음의 병도 자연스럽게 치유가 되기 때문이다. 이와 같이 우리 산사순례기도회 회원들 중에도 가족들의 병이나 자식 문제로 인해 마음의 고통을 받고 있는 분이 더러 있을 것이다.

누구나가 뜻하지 않은 시련을 겪을 때가 있다. 나 또한 그렇고 이 세상사가 그렇다. 누구든지 몸이 아프거나 집안 사정에 의해 순례에 참석하지 못할 때도 있다. 이럴 때 자신의 마음가짐이 매우 중요하다. 한 번 순례에 빠지게 되면, 다음번에도 이런저런 핑계를 대고 빠질 때가 많이 생긴다. 그러므로 순례를 나서고자 하는 굳은 신심을 항상 가지고 있어야 한다. 신심은 그냥 얻어지는 게 아니라 오직 자신이 키워야만 한다.

절은 부처님의 청정법신이 계신 곳이다. 그동안 자신이 지은 업과 죄, 무거운 짐들을 내려놓고 이 지상에서 가장 아름답고 깨끗한 마음으로 기도를 올리는 장소이다. 또한 세속에서 묻은 마음의 때를 벗는 곳이기도 하다. 그 마음의 안식처를 찾아가는 길이 산사 순례이다. 인간의 고통은 오직 자신이 만드는 것이며 이를 벗어나기 위해 부처님에게 공양을 올리고 참배를 한다.

이 세상은 결코 혼자가 아니다. 그러나 홀로 모든 고통을 받아들이는 사람만이 혼자에서 벗어날 수 있다. 그 무엇에도 물들지 않고 순수하고 자유로운 몸일 때 비로소 '홀로'가 된다. 그때 진정한 '홀로서기'가 시작되는 것이다.

108산사순례는 혼자 가는 것이 아닌 '홀로'가 되어 모든 이가 '더불어 함께' 가는 길이며 이때 나는 혼자가 아님을 깨닫게 된다. 오늘 비록 머나먼 길을 떠나지만, 순례라는 이 길은 비단 자신만의 죄와 업을 버리기 위해 떠나는 길이 아닌 자신의 아내, 남편, 자식, 부모, 그리고 친구를 위해 거침없이 나서는 장엄莊嚴한 명상의 길이며 하나의 도전임을 깨달아야 한다.

고난 극복하고
두터운 불연 맺는 수행

녹음 짙은 칠월의 산사, 매미 울음소리가 산객山客들의 귀를 맑게 적시고 계곡 틈새로 흐르는 물소리는 마음을 한없이 정겹게 한다. 가만히 서 있기만 해도 땀이 줄줄 흐르는 무더위 속 회원들은 삼삼오오 짝을 지어 산길을 오른다. 동학사 산문山門에 이르자 승가대학 비구니 스님들의 부처님 같은 미소가 한 줄기 시원한 바람처럼 잠시 더위를 잊게 해 준다.

동학사와 맺는 '108산사순례' 불연佛緣의 자리, 맑은 목탁소리가 대웅전 법당에 울려 퍼진다. 낭랑한 스님의 목소리에 맞추어 엄숙한 참회의 문을 여는 기도소리. 한 줄기 바람은 목어木魚를 흔들고 잠시 가사자락을 훔치다가 일순간 적요寂寥 속으로 이끈다.

회원들은 동시에 모두 자리에서 일어나 두 손 모아 108배를 하기 시작한다. 입 속에서 한 마디 한 마디 읊조리는 참회의 글귀. 이때가 순례에서 가장 장엄하고 가슴 뭉클한 순간이다. 이 불연의 끈을 맺기 위해 우리는 한 달에 한 번씩 잘못 살아온 생의 한 부분을 참회하며 수행을 하고 있는 것이다.

동학사는 한국 제일의 비구니 승가대학으로 알려져 있다. 이렇게 된 실질적인 이유는 예로부터 내려오는 남매 탑의 전설에서 찾을 수 있다. 어떤 스님이 호랑이의 입에 박힌 가시를 빼 주었다. 호랑이는 그 은혜를 갚기 위해 스님에게 여인을 물어다 주었다. 수행승이었던 그는 이 여인과 부부의 연緣을 맺는 대신, 남매의 연을 맺고 평생 비구와 비구니로 살았다.

이후 724년 신라 성덕왕 때 상원조사의 제자 회의 화상이 남매탑을 건립하였는데 현재 이 탑들은 보물로 지정되어 있다. 당시에는 문수보살이 강림한 도량이라 하여 절 이름을 청량사라 하였다.

동학사로 바뀐 것은 고려 때이다. 신라의 충신 박제상의 초혼제를 지내기 위해 동계사를 짓고 절을 확장한 뒤 절 이름도 지금의 동학사로 바뀌었다는 설이 있으며, 금봉 월인 스님이 옛 원당터에 실상암을 짓고 절을 중건하여 절 이름을 개칭하되 '진인출어동방眞人出於東方'이라 하여 「동東」자를 따고 '사판국청학귀소형

寺版局靑鶴歸巢形'에서 「학鶴자」를 따서 동학사로 명명했다는 설, 절의 동쪽에 학鶴 모양의 바위가 있어 동학사라고 했다는 설, 동방이학의 조종인 정몽주를 이 절에 제향했으므로 동학사라고 했다는 설도 있다.

하지만 동학사 하면 빼 놓을 수 없는 것은 만화 스님의 제자 경허성우(1849~1912) 스님이 이곳에서 강의를 열고 큰 깨달음을 얻어 한국의 선풍을 드날렸다는 데에 있다. 특히, 오늘날 대한불교 조계종의 선지禪旨가 스며 있는 곳이라는 점에서 동학사는 한국불교사에서 결코 예사롭지 않은 곳이다.

무더운 여름날의 순례는 그 어느 때보다 힘들었다. 나는 두 달 전부터 건강상태가 무척 좋지 않았지만 순례를 빠질 수 없었다. 은사 스님의 출가지인 고성 옥천사를 갔을 때는 정말 힘들었다.

그때 청담 스님의 영정을 보았을 때 마치 은사 스님은 내게 "우리 혜자가 정말 고집도 세구나!"하시며 빙그레 미소를 보이시는 것 같았다. 이 모든 일이 청담 스님과 불보살님이 나를 시험에 들게 하기 위함이 아닌가 싶다.

언제나 순례를 다녀온 뒤의 마음은 이루 말로 표현할 수 없을 정도로 매우 기쁘다. 내가 이렇게 빨리 건강을 회복할 수 있었던 것은 청담 스님과 불보살님의 가피 덕분이 아닌가 생각한다. 회원들에게 부탁하고 싶은 것은 '산사순례'라는 대작불사를 마무리하

려면 무엇보다 건강을 잘 챙겨야 한다'는 것이다. 건강보다 더 소중한 것은 없다. 그래야만 108산사순례도 무사히 회향할 수 있다.

선불교 종지 '실상선원'
개금불사 동참도

'108산사순례 기도회'가 순례한 동학사의 '실상선원'은 한국 선불교의 중흥조인 경허 스님께서 '문필봉'을 바라보며 무비공無鼻孔인 '콧구멍 없는 소'인 태평가로 오도를 하신 곳으로 알려져 있다.

평소 승가대학 4학년 이상의 학인들과 석사 과정에 있는 학림學林 스님들에게만 개방하는 곳으로 철저하게 일반인들의 출입이 금지되어 있다. 나는 이 특별한 곳에서 산사순례 회원들에게 3일간 염주보시를 하였는데 매우 의미 깊은 순례 길이었다.

'忽聞人語無鼻孔홀문인어무비공 頓覺三千是我家돈각삼천시아가 六月燕巖山下路유월연암산하로 野人無事太平歌야인무사태평가

문득 콧구멍 없는 소라는 말을 듣고/ 삼천대천세계가 내 집임을 몰록 깨달았네/ 유월 연암산 아랫길에서/ 일 없는 사람 태평가를 부르네.'

경허 스님은 왜 '무비공'으로 깨달음을 얻었을까? 대개 선가禪家에서는 선사들의 오도송을 해석하거나 이해하려고 하지 않는다. 그것이 법도法道이다. 이 게송 속에는 경허 스님의 자유자재하고 무애無涯한 가풍家風이 서려 있다.

하루는 경허 스님의 시자 학명 도일이 아랫마을에 내려갔다가 어느 처사와 잠시 다담茶談을 나누었다. 이때 처사가 하는 말이 "중이 중노릇 잘못하면 중이 마침내 소가 됩니다"라고 하였다. 시자는 이 말을 듣고 "중이 되어 마음을 밝게 하지 못하고 다만 신도의 시주만 받으면, 소가 되어서 그 시주의 은혜를 갚게 됩니다"고 대답했다.

이때 처사는 "어찌 사문의 대답이 이렇게 꽉 막혀 도리에 맞지 않을 수가 있습니까?"하고 꾸짖었다. 시자가 물었다. "나는 선지禪旨를 잘 알지 못하여서 그러하오니 어떻게 대답하여야 옳습니까?" 처사가 대답했다. "어찌 소가 되어도 콧구멍 뚫을 곳이 없다고 이르지 않습니까?" 이에 시자는 더 이상 대답을 못 하고 동학사로 돌아와 경허 선사를 찾아가 예를 갖추고 앉아서 처사의 말을 전하였다.

이 순간 경허 스님은 '소가 콧구멍이 없다'는 말에 활연대오豁然
大悟하였다. 경허 스님은 무슨 연유로 인해 대오하셨을까? 문필
봉은 모양이 붓 끝처럼 뾰족한 산을 말하는데 삼각형 형태와 비
슷하다. 이러한 문필봉이 있는 곳에서는 그 봉우리의 영향을 받
아 인근 지역에 학자와 인물이 많이 배출된다고 한다. 경허 스님
께서 동학사에서 오도를 한 데에도 이와 연관이 있을 것이다. 동
학사 실상선원과 특별한 인연이 서려 있는 경허 스님.

그런데 '108산사순례기도회'가 법회를 마친 뒤 문필봉 산봉우
리에 장엄하게 일원상 무지개가 떠올랐다. 동학사 승가대학 학장
법성 스님, 주지 견성 스님 이하 대중 스님, 학인·학림 스님들은
환희심에 찼다. 참으로 예사롭지 않은 현상이었다. 비록 귀향 때
문에 회원들은 그 장엄한 일원상 무지개를 제대로 보지 못했지만
산 정상에 우뚝 솟은 무지개는 말로 다 표현할 수 없는 환희심을
자아내기에 충분했다.

한국 선불교의 종지宗旨가 서린 경허 스님의 실상선원에서 바
라본 일원상 무지개는 화엄의 화장세계와 다름이 아니었다. 부처
님께서 가섭에게 꽃을 보이자 가섭은 말없음의 미소로 선禪을 알
렸듯이, 어쩌면 경허 스님과 부처님은 문필봉의 무지개로 108산
사순례기도회의 개금불사에 대한 고마움의 화답和答을 주시는 것
이 아닌가 하는 생각이 들었다.

우리 108산사순례기도회 회원들이 자신 있게 내세울 수 있는 것은 지극한 신심이다. 이번 동학사 대웅전 삼존불 개금불사에 모두 빠짐없이 십시일반으로 동참한 우리 회원들의 지극 정성에 너무도 큰 고마움을 느낀다. 이런 모습이 바로 '21세기 신행문화의 패러다임'으로 호평을 받는 이유가 아닌가 생각된다.

장대 같은 빗속에서 장중하게 울리는 '108법고'를 들으며 회원들은 모두 합장을 했다. 나는 회원들이 탄 버스의 뒷모습을 바라보며 그들이 진정 이 시대의 보현행자들임을 느낄 수 있었다.

번뇌망상 버리는
마음쉼터 찾는 구도행

　소음과 먼지, 탁한 공기가 흐르는 도심을 떠나 산사로 가는 마음은 언제나 즐겁다. 봄·여름·가을·겨울, 산사의 꽃과 나무들은 순리대로 어김없이 새롭게 잎을 피우고 진다. 그러는 동안 '108산사순례'도 절반에 가까워졌다. 처음에는 남편과 자식, 자신에 대한 기원祈願으로 시작되었지만 이젠 이와 함께 자발적이고 적극적인 '범국민 나눔 운동'으로 널리 알려지고 있다.
　오늘날 현대인들은 쉼 없이 쏟아지는 말의 홍수, 날마다 양산되는 뉴스 속에서 자신의 정체성마저 잃어버리고 산다. 그뿐만 아니라 욕망의 이전투구泥田鬪狗 속에서 날마다 시름하고 있다.

이러한 때, 도심을 떠나 모든 시름과 근심을 던져 버리고 한 달에 한 번씩 순례를 나서는 일은 탐진치貪瞋癡 번뇌 망상을 지우는 여행이며 마음의 쉼터를 찾는 일이다.

이 속에서 우리는 수많은 풀꽃과 나무와 새들을 만나 번뇌를 씻어 내고 소음에 찌든 귀를 맑게 한다. 어디 그것뿐인가. 청정한 공기, 계곡마다 흐르는 청아한 물소리, 법당에서 은은하게 울려 나오는 스님들의 목탁소리, 바람에 제 몸을 흔드는 풍경風聲, 시詩와 같은 스님들의 법문. 이 모든 것이 산사의 경치이다. 또한 천년 보물의 향내를 맡을 수 있다면 금상첨화錦上添花 아니겠는가? 이렇듯 산사 순례는 현대인들의 마음을 정화시키는 작업이다.

자연은 자연만의 색깔을 품고 있다. 그러나 우리들은 도시 속에서 그러한 자연의 색깔마저 잊고 산다. 문명이라는 벌레에게 마음을 갉아 먹히고 있는 것이다. 이는 우리의 마음을 상하게 만드는 원인이 된다. 산사 순례는 이러한 병든 마음을 치유하고 정신을 맑게 하는 데 매우 좋으며 자연의 소중함을 알게 한다. 산사에는 문명의 이기가 없다. 오직 맑은 공기와 고요뿐이다. 이곳에 와서 한번쯤 방하착放下着해 보는 것도 좋으리라 싶다.

올 여름의 삼복더위는 매우 지독했다. 불가佛家에서는 더위 또한 하나의 도道다. 더우면 더운 대로, 추우면 추운 대로 살면 그만이다. 무더운 여름이 있어야 서늘한 가을바람이 있고 매서운 겨울의 추위가 있어야 꽃을 피우는 봄이 있다. 이 또한 명백한 계절의 순환이다.

산사 순례를 다니다 보면 가장 큰 어려움은 대책 없는 날씨이다. 그러나 지난 4년 동안 큰 고통 없이 순례를 할 수 있었던 것은 부처님과 불보살님의 가피 덕분이 아닌가 생각된다. 설령, 우리에게 큰 고통을 던져 주신다고 해도 이 또한 부처님께서 내려주시는 고난이기 때문에 기꺼이 받아들일 마음의 자세가 되어 있다. 어떤 일도 오직 마음먹기에 달려 있기 때문이다. 돌아보면 나는 우리 '108산사순례기도회'가 그 어떠한 어려움들도 무난히 극복하고 대장정의 길을 걷고 있는 데에 큰 기쁨을 느낀다.

고행 없는 수행은 없다. 지난 여름 두 달간 나는 대상포진으로 극심한 통증을 느꼈다. 불사佛事가 많아 열심히 하다 보니 신체의 저항력이 떨어져 바이러스가 신경과 신경 사이는 물론 피부에까지 염증을 유발해서 심한 통증이 왔던 것이다. 나는 이 와중에도 병원에서 통근을 하며 '108산사순례'를 나섰던 것이다. 지독한 삼복더위는 병의 치료를 더디게 했지만 이젠 거의 완치가 된 것 같다. 이 모든 것도 청담 스님과 불보살님의 가피 덕분이다.

모든 것은 시간이 해결해 준다는 말이 있다. 그러나 이러한 시간의 관념 속에 사람이 빠져 산다면 더 큰 일을 할 수 없다. 바빠

시간이 없다고, 몸이 아프다고, 정작 자신이 해야 할 일을 제대로 하지 않는다면 신사순례 회향은 물론, 그 어떤 일도 할 수 없다는 것을 이번 기회에 또 다시 느꼈다.

불가에는 '각자覺者'라는 말이 있다. 이는 '깨달음에 든 사람'이라는 뜻도 있지만 사실은 이러한 각자가 되기 위한 노력은 내 안의 부처를 끊임없이 재생산하는 것을 말한다. 우리가 108산사순례를 나서는 일도 각자가 되기 위한 끝없는 길이다. 수행은 누가 대신 해 주는 것이 아니라 오직, 자신 스스로 해야만 한다. 이것이야말로 각자가 되는 진정한 길이 아니겠는가!

찬란한 불교 유산 체험하는 뜻깊은 여정

한국의 33관음성지를 모두 방문한 일본인 순례객이 나왔다는 이야기를 얼마 전 뉴스를 통해 들었다. 이 '한국 33관음성지순례 프로젝트'는 한·일 양국의 공통된 문화컨텐츠인 불교를 통해 상호 간의 이해를 증진시키고 템플스테이 등의 한국의 독특한 문화관광콘텐츠를 제공하는 사찰순례상품으로 문화관광부와 대한불교조계종이 공동으로 출시한 것으로 알려져 있다. 이러한 모든 것도 '108산사순례기도회'가 동기가 된 것임이 분명하다.

일본인들에게 성지 순례는 옛날부터 행해 왔던 독특한 관습이었는데 토속적인 신도神道 신앙과 더불어 일본인들의 심층의식을 지배하고 있었다. 과거 야마토 왜, 나라, 헤이안 시대의 불교는 일본인들의 정신 그 자체였다. 때문에 일본의 순례는 홍법대사弘法大師가 성지 순례를 시작한 후 지금까지 면면히 이어져 오고 있는 유서 깊은 전통이 있다. 일본은 네 개의 섬으로 구성되어 있다. 그중에서 가장 작은 섬이 시코쿠이다. 이 시코쿠에서 태어나서 자라 깨달음을 얻은 이가 바로 그 유명한 홍법대사(774년~835년)이다.

이 작은 섬에 1200년간 이어온 불교 성지 순례의 비밀이 숨겨져 있다. 일본인들은 홍법대사가 걸어온 길을 '헨로 미치'라고 부르고 있으며 이 길을 따라 1번부터~88번까지 절에 번호를 부쳐 1200km의 장거리 순례를 하고 있다. 이러한 전통은 에도 시대를 거쳐 신도와 불교를 결합시킨 메이지 시대, 그리고 현재까지 이어져 내려오고 있다. 일본의 순례는 즉 그들의 정체성의 발로이자 인식의 근간이었다. 그들은 불교 성지를 순례하면서 불교 정신을 스스로 확인하고자 했던 것이다.

그런 일본인이 한국의 33관음성지를 모두 순례했다는 것은 결코 예사로운 일이 아니다. 그들은 대륙으로 이어지는 불교 문화를 옛날부터 그리워하는 속성을 지니고 있었다. 일본인이 그들의 불교성지를 모두 순례하고 한국의 33관음성지를 순례하기 위해 지금도 속속들이 여행을 하고 있다는 사실은 한국불교가 얼마

나 우수한 문화컨텐츠를 지니고 있는가를 단적으로 보여 주는 예다. 이런 관점에서 볼 때, 우리는 스스로 자부심을 느끼지 않으면 안 된다. 한국의 불교문화는 세계적이다. 33관음성지뿐만이 아니라 산사 곳곳마다 산재한 불교 문화는 눈으로 보고 확인을 해 보지 못한 사람은 모른다. 찬란한 한국문화의 유산이 산사 곳곳마다 존재하고 있다.

물론 아쉽게도 임진왜란과 일제 강점, 또한 6·25전쟁으로 많은 불교문화유산이 소실되었다. 그 대표적인 것이 바로 수월관음도이다. 고려 시대 불화로 국보급으로 알려진 이 불화는 현재 일본에 있다. 고려 시대에 많이 제작되었던 수월관음도는 대체로 비슷한 도상을 보이고 있는데, 의상義湘이 낙산洛山에서 관음보살을 친견親見했다는 《삼국유사》의 기록에 따라 그것을 도상화한 형식이 계속 유행했다. 이 그림은 부드러운 곡선으로 처리한 전체적인 모습, 투명한 천의天衣의 화사함, 화려한 장신구 및 옷 문양 등에서 고려 시대 관음도의 기본도상을 충실히 따랐음을 알 수 있다.

이와 달리, 해인사의 팔만대장경은 6·25전쟁 중 김영환 장군의 기지로 살아남은 대표적인 문화유산이다. 그는 1951년 8월 해인사 폭격을 거부했다. 인민군 1개 대대가 해인사를 점령하고 있었는데 식량 탈취가 목적이었다. 며칠만 지나면 인민군들은 해인사 밖으로 빠져나올 것이고, 그때 폭격한다면 적도 소탕하고 해인사도 지킬 수 있음을 알고 그는 명령을 어기고 돌아왔던 것이다. 어쨌든 그의 기지가 없었더라면 문화의 보고寶庫인 해인사는 사라졌을 것이고 팔만대장경은 소실되었을지도 모른다.

이런 점에서 볼 때 '108산사순례'를 떠나는 것은 단순한 여행이 아니라 통일신라, 고려, 조선시대를 이어온 찬란한 불교문화의 유산을 눈으로 보고 느끼고 체험하는 장중한 시간임을 알아야 한다. 일본인들도 한국의 관음성지를 찾아 순례하고 있는 이때, 한국인으로서 우리 문화유산의 보고寶庫인 '108산사순례'를 하는 일은 참으로 가치 있는 일이다.

굳센 신심에 기반한 순례에
불가능은 없어

　지난주 48번째 '108산사순례' 불연佛緣을 맺은 곳은 팔공산 '파계사'이다. 절의 좌우로 흐르는 아홉 갈래 계곡의 물이 '모을 파把 시내 계溪' 즉, 한곳으로 모아지는 데서 유래된 사명寺名이다. 《조선사찰사료》에 따르면 신라 애장왕 5년(604)에 심지 스님이 창건했고 그 후 계관 스님에 의해 중창되었다가 숙종 20년(1695) 현응 스님이 크게 불사를 일으킨 곳으로 조선왕실과 인연이 깊은 계율 도량으로 알려져 있다.

　현응 스님은 숙종의 청에 따라 세자 잉태를 기원하는 백일기도를 올렸는데 이듬해 영조대왕이 태어났다는 이야기가 있다. 1979

년 관음보살상을 개금할 때 불상에서 영조의 어의가 발견되어 이 설화의 신빙성을 더해 준다. 지금도 진동루鎭洞樓 앞에는 250여 년 된 영조의 느티나무가 세월을 머금고 서 있고 왕실안녕의 발원을 담아 조성한 관세음좌불과 영산회상도가 있다.

파계사에서 계곡을 따라 1시간쯤 올라가면 고봉선사와 현 종정인 법전 스님, 성철 스님이 수행했던 '성전암'이 있다. 한국불교계의 큰어른이신 성철 스님이 10년 동안 철조망을 치고 바깥출입을 일절 삼가고 장좌불와를 통해 수많은 불경, 조사어록 등을 치열하게 공부한 곳으로 알려져 있다. 우리 회원들은 이 뜻깊은 불교성지인 파계사에서 삼 일 동안 지극 정성으로 부처님께 공양을 올리고 기도를 드렸다.

올 여름은 팔월 한 달간만 해도 22일이나 비가 내렸다고 하니 날씨 변덕이 매우 심했다. 지나치게 날씨가 덥거나 추운 것도 회원들을 힘들게 하지만, 문제는 한여름의 폭우나 겨울 폭설이다.

파계사 순례 둘째 날은 한차례 소나기가 지나갈 것이라는 일기예보가 있었지만, 법회 중에는 비 한 방울 내리지 않아 무사히 마칠 수 있었다. 주차장 입구에서 파계사까지 오르는 데는 약 20~30분이 소요되는 거리여서 나이 드신 보살님들에게는 퍽 힘들었다. 만약, 아침부터 폭우라도 쏟아진다면 그야말로 법회는 엉망이 될 수도 있었지만 이런 염려는 한갓 기우에 지나지 않았다. 법회를 마치고 염주보시를 하는 동안 하늘에는 일심광명 무지개가 찬란하게 떴다. 지난 5월 완주 송광사, 6월 옥전사, 7월 동학사 그리고 이번 파계사 순례에 이르기까지 연속적으로 네 번이나 하늘에 일심광명 무지개가 나투신 것이다.

파계사 봉사단원들과 우리 회원들은 환희심에 차 기쁨의 눈물을 흘렸다. 이상한 일은 이뿐만이 아니었다. 법회 뒤 회원들이 산길을 내려가는 동안에도 하늘은 구름 한 점 없이 쨍쨍했는데 회원들이 모두 귀향버스에 오르고 난 뒤, 난데없이 하늘에서 구름이 몰려오고 천둥과 번개가 동반된 폭우가 쏟아지기 시작했다. 회원들은 이내 깊은 환희심에 차 올랐다.

"108산사순례를 다니는 동안 참으로 이상한 현상을 많이 겪었다. 부처님께서 저희들의 원만한 회향을 위해 가피를 주시는 것은 아닌가." 회원들은 크게 기쁨을 느꼈다. 셋째날은 태풍이 올 것이라는 일기예보가 있어 마음이 조마조마했다. 삼 일간 서울에서는 폭우가 내렸는데 파계사에서는 그저 꽃비만 조금씩 내려 오히려 더위를 씻겼다.

이렇듯 불심佛心은 신심信心을 키우게 하고 불가능을 가능하게 하는 힘을 준다. 부처님이 우리들의 원만한 회향을 위해 날씨 또한 도와주시고 무지개까지 나투신다는 강한 믿음이 우리 회원들에게는 있다. 나는 가끔, 신심이 지극한 보살님을 볼 때마다 마음

이 흐뭇하다 못해 적지 않게 놀란다. 한 보살님은 48번의 순례 동안 단 한 번도 빠짐없이 매번 삼 일씩 다녔다. 또 어떤 보살님은 지난 1월부터 법회가 열리는 삼 일 동안 봉사하는 마음으로 순례를 나섰다고 한다.

그 보살님은 "형편이 여의치 않아 시주를 하지 못해 몸과 마음으로라도 부처님께 보시를 하기 위해 삼 일 동안 다니며 봉사를 하게 되었다"고 한다. 먼 길을 버스로 삼 일 동안 순례를 나서는 일은 보통 힘든 것이 아니다. 그럼에도 불구하고 삼 일간 순례를 나서는 보살님들을 볼 때마다 마음이 흐뭇하다 못해 기쁨을 느끼지 않을 수 없다. 이 모든 것이 굳센 신심 때문이 아니겠는가!

길 위에서 만난
수많은 붓다의 미소

　세상은 참으로 변화무쌍하다. 자고 나면 눈과 귀를 의심케 하는 어두운 뉴스가 날마다 쏟아지고, 좋지 않은 일로 바깥세상은 시끄럽다. 사람의 진면목은 마음이 고요하고 평화로울 때만이 나타난다. 이런 시대 상황 속에서 자신의 삶을 되짚어 보는 것조차 매우 힘들다. 이러한 때, 바쁜 삶의 속도를 늦추고 한번쯤 산사山寺에 가서 부처님의 그윽한 미소를 바라보는 것보다 더 좋은 일은 없다.

　부처님의 미소 속에는 가섭과 달마, 혜능과 원효, 보조와 태고, 그리고 나아가 성철 스님과 나의 은사이신 청담 스님 등 역대 조사祖師의 미소가 들어 있다. 선사들도 부처님의 미소를 알고 막혔던 가슴이 터졌으며 달라이라마와 뛰어난 석학들도 부처님의 미소로서 깨우친 것이 아니겠는가. 아무리 힘든 시대일지라도 부처님의 미소는 변하지 않으며 미래의 어떤 시대에도 부처님의 미소는 한결같다. 이 미소 속에 모든 진리가 살아 숨 쉬고 있다. 우리들이 '108산사순례'를 가는 것도 이와 같이 부처님의 미소를 닮아 자신의 근본자리를 되찾기 위함에 있다. 부처님의 미소 속에는 모든 진리가 살아 숨 쉬고 있기 때문이다.

　세상은 끊임없이 변하고 있지만 부처님의 미소는 과거 2,500여 년 전이나 지금이나 그대로이다. 또한 부처님이 일체중생 구제를 위해 설법하신 삼법인三法印도 변한 바 없다. 다만 변하는 건 사람의 마음일 뿐이다. 사람들은 늘 자신이 항상 존재하고 영원하기를 바라지만 물질인 몸과 마음은 생겨났다가 사라진다. 고로 영원한 것은 없기 때문에 모두가 무상하다는 '제행무상諸行無常'. 우주의 모든 것들은 법의 인연으로 생긴 것이기 때문에 나라는 실체가 없다. 즉 사람들은 나라고 하는 아我에 집착하는 그릇된 견해를 갖고 나라는 집착을 끊어야 한다는 '제법무아諸法無我'. 그리하여 생사라는 윤회를 벗어나 '열반적정涅槃寂靜'을 이루어야 한다고 부처님은 강조하셨다.

　오늘날 부처님의 이 위대한 법이 적용되지 않는 세상은 없다.

만약, 모든 인간이 부처님의 삼법인을 믿고 따른다면 더 이상의 괴로움과 번민은 사라질 것이 틀림없다. 이것이 부처님이 일체중생을 위해 설법한 내용이다. 그러나 오늘날 인간들은 이러한 부처님의 말씀을 가슴 깊이 새기지 않고 스스로 수많은 업業을 짓고 있다.

우리가 불교를 믿고 '108산사순례'를 하는 목적은 자신이 저지른 전생의 업을 끊고 참회하여 번뇌로부터 벗어나기 위함이다. 순례 속에 만나는 수많은 부처님의 형상을 눈으로 보고 부처님의 말씀들을 마음속에 깊이 새긴다면, 우리는 날마다 부처의 미소를 닮아갈지도 모른다. 부처님의 미소 속에는 생사生死의 답이 있고 번뇌와 괴로움을 해결하는 답이 있으며, 또한 행복으로 가는 지름길이 숨어 있다. 때문에 이 복잡한 현대 속에서 우리가 궁극적으로 행복하게 살기 위해서는 날마다 조금씩 부처님의 얼굴과 그 미소를 닮아가야 한다.

어쩌면 회원들 모두가 앞으로 108염주를 꿰고 나면, 자신도 모르는 사이 자신들의 얼굴이 어느새 부처님의 미소가 되어 있음을 서로서로 발견하게 될지도 모른다. 그렇게 되면 행복의 문은 저절로 열리게 될 것이고 부처님과 불보살님의 지극한 가피를 받아 더욱 건강해진 몸과 마음을 발견하게 될 것이 틀림없다.

인간 삶은 물음표의 연속이다. 나는 누구이며 어디에서 왔으며 왜 사는가? 이러한 의문은 고대부터 현대에 이르기까지 줄곧 이어져 온 의문이다. 만약, 이 땅에 부처님이 탄생하시지 않았다면, 또한 불교가 없었다면 이런 존재론적 의문에 대해 인간은 여전히 방황하고 있을 것이다. 이러한 때에 지극한 불법佛法을 만나 한 달에 한 번씩 '108산사순례'를 나서는 것도 복전福田을 이루는 길임을 명심해야 한다. 때문에 우리가 가는 산사순례 길에 언제나 부처님의 미소와 일심광명 무지개가 함께하고 있는 것이 아니겠는가!

인과는 마음에서 비롯됨을 깨닫는 여정

'육신은 멸해도 법신法身은 멸하지 않는다.'

나의 은사이신 청담 스님께서 남기신 열반송이며 유훈이다. 청담 스님께서 열반하신 지 벌써 서른아홉 해가 지나고 산승이 출가한 지도 마흔다섯 해가 지났다. 바쁜 와중에도 맑은 난蘭잎에 흘러내리는 아침이슬처럼 마음이 한없이 고요해지는 날이면, 청담 스님께서 남기신 주옥같은 말씀들이 지금도 아련하게 그리움으로 떠오른다. 그럼, 청담 스님이 말씀하신 그 법신이란 무엇인가.

"인연이라는 말은 묘한 뜻을 가지고 있어 우리가 언제든지 무엇을 해도 친한 사람하고만 같이 가려고 한다. 사람이 수천 명이 모여서 이야기하고 구경하다가도 헤어져 나갈 때는 친한 사람끼리만 짝지어 나간다. 죽어 가는 길도 자기가 친한 길로 인연 지은 곳으로 따라간다."

음미해 보면, 실로 공감할 수밖에 없는 '생활법문'이다. 우리는 살면서 수많은 사람들을 만나지만 대개 나중에는 자신이 만든 인연에 따라 끼리끼리 모인다. 좋은 인연을 만드는 것도 자신의 마음이요, 나쁜 인연을 만드는 것도 자신의 마음이다. 심지어 죽어서도 자신이 만든 인연에 따라 지옥이나 극락으로 가게 된다. 우리는 우리가 모르는 사이에 자신의 마음이 만든 그 인연에 따라 살다가 가게 된다는 청담 스님의 법문이다. 또 스님은 인과법에 대해 이렇게 말씀하셨다.

"금생은 전생의 연속이며 무한한 내생의 연결이고 금생에 주어진 환경이나 운명은 전생에 지은 원인으로부터 맺어진 결과이며, 금생에서 선악 간에 하고 있는 우리의 행동은 다 내생에 받을 결과에 대한 원인이 된다."

청담 스님은 삶은 하나의 연속이기 때문에 인과법보다도 더 무서운 것은 이 세상에 없다고 하셨다. 복을 많이 지은 사람은 현세는 물론, 내세에 더 많은 복을 얻을 것이며, 평생 나쁜 짓만 하는 사람은 현세는 물론, 내세에 나쁜 결과를 낳게 된다. 이것이 선인

선과 악인악과善因善果 惡因惡果이다. 인과를 만드는 것도 우리가 가진 마음인데 천년만년 살 수 없고 한갓 고깃덩어리에 지나지 않은 육신에 조종을 당하게 되면, 쾌감만을 좇게 되어 결국 악의 원인이 된다고 하셨다. 때문에 청담 스님께서는 잃어버린 이 '마음'을 되찾자는 데 칠십 평생을 바쳤던 것이다. 스님은 인연에 대해 또 이렇게 말씀하셨다.

"초면에 마음이 끌리는 사람이 있다. 그를 만나면 재미가 있고 항상 얼굴이 보고 싶고 내 마음속에 상대방의 얼굴이 환히 드러나는 그런 사람이 있다. 반대로 처음부터 미운 사람이 있다. 얼굴이 아무리 미남이고 미녀라도 싫어진다. 첫눈에 당장 싫어져서 주는 것도 받기 싫고 돈을 주어도 받기 싫다. 그러나 그 이유는 잘 모른다. 적어도 금생에는 그 이유를 찾을 수 없을지도 모른다. 전생에 인因을 지어 가지고."

이기심 많은 인간의 마음을 제대로 표현하신 청담 스님의 인연에 관한 아주 쉬운 법문이다. 전생의 인과와 연결되어 있다는 의미심장한 법문이다. 이를 볼 때 우리가 마음으로 짓는 인과가 얼마나 무서운 것인가를 능히 짐작할 수 있을 것이다. 산승이 '마음으로 찾아가는 108산사순례기도회'로 명칭을 정했던 결정적인 이유도 바로 여기에 있다. 다시 말해, 산사순례는 청담 스님이 말씀하신 법신 즉 '잃어버린 마음을 찾아 나서는 길'임을 강조했던 것이다. 그러므로 이 길이 얼마나 장중한 회향인가를 순례회원들은 모두 가슴으로 진정 느껴 알아야 한다.

이제, 108산사순례도 다음 달이면 꼭 50차이다. 생각해 보면, 고된 나날들이었지만, 순간순간 따뜻한 행복을 느낄 수 있었다.

회원들도 그동안 많은 복의 밭을 일구었다. 한 알 한 알 염주가 알알이 꿰어지는 기쁨이란 이루 말할 수 없을 것이다.

108염주를 모두 꿰기 위해서는 반드시 북한에 있는 사찰성지 순례도 다녀와야 한다. 아직도 가야 할 길이 구만리이다. 마음을 굳게 먹자.

순례 나서는 순간부터
부처님 자비 되새겨야

은사隱士의 집에 가을이 깊었네

새로운 시는 낙엽에다 쓰고

저녁 찬에는 울타리 꽃을 줍네

나뭇잎 떨어지자 산봉우리는 여의고

이끼가 깊어 외로운 길이 머네

도서를 책상 위에 쌓아 두고는

눈 감고 아침노을을 마주 대하네

한여름의 폭염이 누그러지고 새삼 시 한 편이 그리워지는 가을

저녁, 매월당 김시습의 시를 읽으면 그가 보낸 세월의 무상함과 절설한 인간의 고뇌를 엿보는 것 같아 마음이 시리다. 그가 입신양명의 출세를 버리고 은사의 길인 출가를 감행한 이유가 여기에 있는지도 모른다. 부도에 서린 세월의 이끼가 짙고 깊듯 그의 외로운 삶이 이 속에 담겨 있다.

지난 9월 49차 108산사순례는 부여 무량사였다. 이곳은 매월당 김시습이 삭발염의를 하고 출가를 하여 말년의 거처居處로 삼은 곳으로 유명하다. 그는 조선 초기 생육신의 한 사람으로서 수양대군이 단종을 폐위하고 왕위에 올랐다는 찬탈 소식을 듣고 비감한 심정을 다스리다가 결국 스님이 되어 유랑 끝에 무량사에 머물러 수행을 하며 절을 중수했다. 매월당이 은둔을 하며 스님으로서 은사隱師가 된 까닭은 무엇일까? 무량사 터에 남은 부도에는 '홍치계축弘治癸丑 봄에 무량사에서 입적을 하였다'고 기록되어 있을 정도로 매월당은 말년을 철저한 수행자의 삶을 살았다.

무량사는 넓은 마당을 두고 극락전과 석탑, 석등이 일자로 줄지어 서 있는 백제의 천년고찰이다. 그중 가장 유명한 보물은 아미타 부처님이 계신 극락전이다. 하늘 천장을 향한 웅장한 부처님의 형상을 바라보고 있으면 모든 시름이 다 달아난다.

석탑은 보물 186호이다. 백제의 양식을 그대로 살린 고려탑인데 낮은 아래기단 위에 놓인 2층 기단은 우주와 하나의 탱주가 만들어져 있고 갑석의 끝은 약간 들려 무거운 느낌을 덜어, 안정감이 있고 세련되다. 보물 233호인 석등은 상대석과 하대석에 연꽃이 조각되어 있는데 삼국 시대의 석등 형태를 이어받은 고려 초기의 작품이다. 이렇듯 만수산 무량사는 백제의 천년 고찰의 혼과 매월당의 선비정신이 그대로 녹아 있는 곳이어서 순례를 하는 회원들은 매우 즐거웠다.

화창한 날씨 속 108참회 중 어디선가 한 마리 새의 울음소리가 귀가에 들렸다. 귀를 맑게 틔우는 듯한 새의 곡조. 검소하지만 누추하지 않은 백제의 미美를 그대로 품고 있는 극락전에 마치 한 마리의 극락조가 숨어 사는 것 같았다. 천상의 새를 연상시키는 극락조는 풍조風鳥라고도 하는데 전설 속의 새가 아니라 실제로 동남아시아 정글에 사는 이 새는 그 이름만큼이나 아름답다. 나는 이 새가 극락전에 살고 있는 듯한 착각이 들었다.

그날 법회 중 회원들에게 한 몇 가지의 법문이 있다. 첫째, 우리가 회향하고 있는 108산사순례 회원들은 이 세상에서 가장 소중한 사람이며 둘째, 지금 이 자리는 이 세상에서 가장 귀중한 시간이며 셋째, 우리가 지금 하고 있는 모든 일들은 이 세상에서 가장 귀중한 일임을 알아야 한다는 것이다. 모두 이 같은 생각들을 가지게 되면, 그 어떤 세상일도 다투고 화낼 일이 없다. 비록, 집에서는 화나는 일이 있고 짜증 나는 일이 있더라도 중생의 마음을 버리기 위해 절에 왔기 때문에 모두 부처님의 마음이 되어야 한다.

　이 세상에는 참으로 생활이 어렵고 병든 사람들이 많다. 그들을 위해 돕고 살피는 일은 부처님의 뜻이기도 하다. 108산사순례를 나서는 그 순간부터 우리는 부처이기 때문에 널리 중생을 이롭게 하고 베풀어야 한다. 우리가 농촌사랑을 하고 소년소녀가장을 돕고 약사여래 부처님의 뜻에 따라 아픈 이를 치료하는 것, 다문화가정 인연맺기 하는 것도 모두 이 때문이다. 이렇듯 한 생각이 부처를 만들고 중생을 만든다.

참회와 선행으로
선근을 심어야

불교는 마음을 다스리는 종교이다. 대승불교의 최상의 경전인 『법화경』 제 16장 '여래의 수명' 편에 보면 진리의 절대적인 측면에 대한 내용이 자세하게 설해져 있는데 이와 같이 부처님은 열반을 하신 지 무려 2천 5백여 년이 지났지만, 우리 곁에 여전히 머무르며 병든 이와 어리석은 중생들을 교화하고 그 마음을 치유하고 계신다.

"모든 천신과 사람들, 아수라들은 여래가 석가족의 궁전에서 나와 멀지 않은 도량에서 6년이라는 고행 끝에 최상의 깨달음을 얻었다고 하지만 비유컨대, 참으로 내가 성불을 이룬 것은 한량

없고 그지없는 백천만억 겁 나유타겁 (셀 수 없는 시간) 이전이다."

　부처님은 이미 숫자로도 알 수 없고 생각으로 미칠 수 없는 세계 이전에 성불을 하셨으며 그 인연으로 인해 또 다시 최상의 깨달음을 얻었다고 말씀하시고 있다. 우리는 이 경전에서 결코 간과해서는 안 될 하나의 큰 진리를 발견할 수 있는데 부처님의 존재는 생사를 뛰어넘어 과거와 현재, 미래에도 항상 머물러 계신다는 것이다.

　"여래는 여래가 해야 할 일을 잠시도 쉬지 않았다. 성불을 한 지도 헤아릴 수 없이 오래되었으며 수명은 한량없는 아승지겁 동안에 머물러 멸하지 않는다. 다만, 여래가 열반을 하지 않고 산다면 박덕한 사람들이 선근善根을 심지 않아 가난하고 미천하여 오욕五慾을 탐하고 허황한 소견에 빠질 것이다. 그러므로 박덕한 사람들은 한량없는 백천만억 겁이 지나도 여래를 보기도 하고 혹 보지 못하기도 한다."

　부처님은 비록 열반하셨으나 이는 생사의 어리석음을 가르쳐주기 위한 하나의 방편에 지나지 않는다는 부분이다. 만약, 부처님이 열반을 하지 않고 살아계신다면, 생사를 모르는 박덕한 사람들은 선근善根을 심기는커녕, 오직 자신만의 부귀영화를 위해 온갖 나쁜 짓을 하게 되고 마침내는 여래의 진리조차 제대로 보지 못한다는 사실을 강조하셨다. 그럼, 누가 이 여래의 진리를 제대로 보고 그 지혜를 얻을 수 있을 것인가? 남을 돕고 남을 위해 희생하는 삶, 항상 선근을 심는 사람만이 그 여래의 지혜를 얻을 수 있다는 것이다.

이 얼마나 깊고 아득한 진리의 말씀인가. 부처님은 끝으로 이 장에서 이렇게 말씀하셨다. "여래를 만나기란 매우 어려운 일이다. 중생들이 이런 말을 들으면 사모하는 마음들을 품어 여래를 갈망하고 선근을 심게 되므로 실제로는 열반하는 것이 아니지만 열반한다고 말한다. 모든 여래의 법도 모두 이와 같아서 중생을 제도하기 위한 것이므로 진실하여 허황하지 않다."

부처님이 말씀하셨듯이 착한 마음이 준비되지 않은 사람은 결코 여래를 만날 수 없다. 하지만 누구든지 끊임없이 신심을 내고 선근을 심는다면 여래를 만날 수가 있다. 천만다행스럽게도, 우리 '108산사순례' 회원들은 한 달에 한 번씩 불교성지 순례를 통해 여래를 만나고 있다. 또한 소년소녀가장을 돕고 농촌을 사랑하고 병든 이를 도와주고 있다.

이것이 곧 『법화경』에 실린 부처님의 진리의 말씀을 있는 그대로 실천하고 있는 것이 아니겠는가? 만약, 모든 사람들이 남을 돕고 포용하는 보살의 삶을 산다면 누구나 부처가 되고 불보살이 될 수 있다. 이것이 바로 『법화경』의 위대한 진리이다.

불교는 앞에서도 말한 바와 같이 치유의 힘을 가지고 있다. 병

든 몸과 마음을 치유하는 것이 오늘날 중생들의 꿈이다. 병은 의사에게 치료하면 낫지만 병든 마음은 약으로 듣지 않는다. 오직 남을 위하는 선한 마음을 가지고 참회로써 선근善根을 실천하여야만 한다. 이 계기를 부여하는 것이 '108산사순례'이다. 즉, 잃어버린 마음을 찾아나서는 길인 것이다.

  지난여름, 나는 대상포진 때문에 몸이 아파 치료를 받게 되었는데 그때 병든 이의 고통을 알게 되었다. 108산사순례기도회 창립 4주년을 계기로 병마로 고통받는 이들을 돕기 위해 약사여래 보시금을 신설하기로 했다. 이 또한 부처님의 뜻이 아니겠는가!

지극한 서원으로 떠나는 보살의 길

　인간에게는 평생 풀지 못하는 네 가지의 의혹이 있다. 자기 자신이 누구인지를 모르고 태어나기 전의 전생을 모르며 또한 죽는 날을 모르고 죽은 뒤에 어디를 가는지를 모른다는 데에 있다. 인간이 아무리 뛰어난 존재라고 할지라도 이 네 가지의 의혹을 영원히 풀지 못한다면 결국에는 천한 존재에 지나지 않는다. 불교는 이러한 존재의 미혹함을 스스로 깨달아 열심히 기도하고 참회하는 종교인데 이것이 바로 성불이다.

　우리가 한 달에 한 번씩 '108산사순례'를 통해 참회하고 기도를 하는 궁극적인 이유도 '잃어버린 진정한 나'를 찾고 인간이 가진 네 가지 의혹을 풀기 위해서라고 할 수 있다. 막연하게 남이 가니까 나도 간다는 그런 생각을 하고 순례를 나선다면 이제 부터라도 마음가짐을 새롭게 해야 한다. 왜냐하면 '108산사순례'는 분명한 목적의식이 동반되어야만 9년이라는 긴 세월을 회향할 수 있기 때문이다. 그에 대한 필요조건이 있는데 바로 지극한 신심을 가지고 세운 서원誓願이다.

　관세음보살님이 중생구제를 위해 십대원十大願을 세웠듯이 우리 회원들도 반드시 자기만의 서원을 세우고 실천해야만 한다. 삶이 아무리 힘들고 고통스럽다고 할지라도 꿈이 있는 사람은 즐겁듯이, 우리 회원들 각자가 자기만의 서원을 세우고 순례 길을 나선다면 훨씬 더 마음이 가벼워질 것이다. 더욱이 푸른 솔바람과 향냄새가 나는 산사에서 부처님을 지극하게 바라보면서 참회의 기도를 하는 순간보다 더한 즐거움은 이 세상에 없다.

　불가佛家에서는 불자들의 원대한 꿈을 두고 행원行願이라 한다. 이는 누구나 기도를 하면 부처가 될 수 있는 성품性品을 지니고 있다는 신심에서 비롯된 말이다. 여기에서 행은 실천적 의미이다. 마음만 있고 원을 이루기 위해 열심히 기도를 하고 행을 닦지 않는다면 한갓 무용지물에 지나지 않는다.

　관세음보살의 십대원은 보리심을 증대하기 위한 중생들의 원이며 육향六向은 걸림 없는 대비심에 의한 보리행의 실천이다. 십대원과 육향은 산사순례법회를 하기 전에 가장 먼저 읊는『천수경』의 핵심이기도 하다. 즉, 관세음보살의 열 가지 원력과 여섯 가지의 회향이다. 그러므로 산사순례법회 중에 하는 모든 행사는 특별한 의미를 내포하고 있다는 점을 우리 회원들은 반드시 알고 있어야만 한다. 막연하게 산사에 와서 지인들을 만나고 여행을 한다는 생각만 해서는 안 되며 회원으로서의 성숙한 마음자세를 지니는 것도 무엇보다 중요하다.

특히 관세음보살의 십대원은 우리 모두가 평생 가슴에 지니고 있어야 할 원願들이지만 특히 가슴속에 항상 명심하여야 할 것은 계를 지키고 선정을 빨리 닦겠다는 '원아속득계정도願我速得戒定道'이다. 인간이 계戒를 지키고 항상 선한 마음으로 선정을 닦는다면 모든 일은 자연스럽게 잘 이루어질 것이 분명하다. 사람이 사람의 본분을 지키는 것보다 더 큰 일은 이 세상에 없다. 또 일체중생을 속히 고통 속에서 모두 건지겠다는 '원아속도일체중願我速度一切衆'도 가슴에 새겨야 할 서원이다.

이 세상에는 아직도 힘들고 어렵게 사는 사람들이 많다. 그들을 위해 우리는 항상 최선을 다해야 한다. 108산사순례기도회에서 약사여래 부처님의 이름으로 공옥진 씨와 배삼룡 씨와 같은 병든 사람들을 도운 일이나 지진으로 고통을 받았던 아이티, 그리고 천안함 침몰 때 우리 회원들이 기꺼이 십시일반으로 도운 일은 모두 관세음보살님이 세운 십대원 중 '원아속도일체중願我速度一切衆'의 서원과 다름이 없다. 이처럼 부처님의 서원 하나하나 중생들의 가슴에 와 닿지 않는 법문은 없다. 언제나 부처님은 자신의 사랑하는 외아들을 대하듯 모든 중생들을 어루만져 주신다.

우리 회원들이 하는 모든 보시는 꼭 부처님의 보시와 다름없다. 우리 회원들이 남을 돕고 지극한 신심을 잃지 않는다면 자연스럽게 복은 저절로 굴러들어 올 것이다. 힘든 이웃을 돕는다는 그 마음이 바로 부처님의 마음이요. '108산사의 마음'임을 깨달아야만 한다.

산사와 길에서
삶의 의미 되새겨

　속리산 절경絕景을 품은 물소리 바람소리가 귓가에 서걱이는 오후. '108산사순례' 오십 번째 불연佛緣을 맺은 법주사 순례 첫날, 일원상一圓相 무지개가 서쪽 하늘에 장엄하게 피어났다. 스님의 목탁소리가 은은하게 산사에 울리는 동안 회원들은 108배 참회의 기도를 올리고 법회가 끝나자 구름 한 점 없는 맑은 가을하늘에 칠색 찬연한 무지개가 펼쳐졌던 것이다. 지극한 회원들의 불심佛心이 향불을 사르듯 부처님마저 감동하셨나 보다.
　법주사는 우리나라 팔경八景의 하나인 속리산이 품고 있는 손꼽히는 대찰이다. 절이 산을 품고 있는지 산이 절을 품고 있는지

모를 만큼, 속리산과 법주사는 떼어 놓을 수 없을 만큼 산세가 아름답고 많은 문화재가 있어 유산의 보고로 알려져 있으며 기나긴 세월의 발자취를 고스란히 간직한 미륵신앙의 요람이다. 곳곳마다 하늘을 향해 길게 뻗은 소나무·떡갈나무·참나무가 무심히 하늘을 떠받들고 있다. 숲길을 벗어나면 신라 진흥왕 553년 의신스님이 창건한 법주사가 그 위용을 드러낸다.

산길 계곡을 끼고 돌아서면 맞배 지붕을 한 사천왕문이 순례객의 길을 막는다. 악귀를 내쫓아 사찰을 지키는 지국천왕, 광목천왕, 증장천왕, 다문천왕 등. 이 사천왕상은 불도佛道를 닦는 수행자들을 올바르게 인도한다. 이 천왕문 오른쪽에 석연지石蓮池가 보인다. 이름만큼 아름다운 이 연못은 8세기경 통일신라 시대의 것으로 국보 제64호다. 돌로 만든 이곳에 물을 담고 항상 연꽃을 띄워 두었다고 한다.

불교에서의 연꽃은 많은 의미를 담고 있다. 진흙 속에서 깨끗하게 생명을 유지하는 연꽃은 극락세계를 뜻하기도 한다. 법주사의 석연지는 팔각의 받침돌 위에 버섯 모양의 구름무늬를 새긴 돌을 사이에 끼워서 돌의 내부를 깎아 만든 연꽃 모양의 몸돌을 떠받치고 있는데 그 곡선이 매우 아름답다. 특히 아래에는 작은 연꽃들을 여러 개 조각하여 돌렸으며 윗부분에는 큰 연꽃잎을 두 겹으로 돌린 후 몸돌 안에 화사한 꽃무늬를 새겨 두었다. 가장 자리에 세워진 기둥을 둥글게 엮어 만든 난간은 불국사의 다보탑에 새겨진 돌난간의 기둥과 비슷하다. 더욱이 난간 벽은 여러 가지 무늬를 새겨 화려하다.

　여기를 지나면 숨이 막힐 듯이 웅장한 동양 최대의 금동미륵대불의 미소가 회원들을 맞이한다. 법주사 하면, 빼놓을 수 없는 것이 국보인 5층 목탑 팔상전이다. 내부에는 부처의 일생을 여덟 장면으로 구분하여 그린 팔상도가 있다. 놀라운 것은 그 규모가 웅장해 건축물인 줄 알았지만 해체 작업 중 사리함이 발견되어 목조탑임을 알게 되었다는 것이다. 법주사에는 국보가 또 있는데 쌍사자석등이다. 두 마리의 사자가 팔각 석등을 앞발로 높이 치켜들고 받드는 모양이다. 이렇듯 법주사는 문화재가 지천이다.

　이 순례에 참석하기 위해 이른 새벽에 일어나 배낭을 챙기고 부처님께 올릴 공양미와 장병들에게 줄 초코파이, 도반들과 나누어 먹어야 할 도시락을 싸는 과정 자체가 하나의 수행이다. 어디 그것뿐인가. 산사 순례에 와서 속리산의 절경을 구경하고 또 부처님께 기도를 올리고 국보를 눈으로 감상하는 기쁨은 남다르다. 여행을 하면서 차 안에서 심심찮게 회원들끼리 이야기의 꽃을 피우는 재미도 적지 않다. 이 모든 것이 산사 순례의 한 과정인 것이다. 그 속에서 불심佛心은 더욱 깊어지고 행복한 마음이 인다.

　이렇듯 우리는 봄이면 봄, 가을이면 가을, 제 색깔을 계절에 맞추어 가는 풍경風景 속에서 자연의 섭리를 배우고 있는 중이다. 바쁜 일상을 벗어나 거역할 수 없는 자연의 섭리를 눈으로 보고 느끼고 확인하는 그 기쁨이란 이루 말할 수 없다. 여기에 우리 '108산사순례'의 묘미가 있다. 이처럼 우리 회원들은 성지 순례 속에서 대자연의 진리를 조금씩 배우고 느끼며 '108산사순례' 길 위에서 삶의 길을 되묻고 그 의미를 가슴속에 깊이 되새기며 회향의 그날을 손꼽아 기다리고 있다.

산사순례는
가족 포교의 장으로 자리매김

　가을, 초입初入인가 했더니 어느새 도선사 산문山門에도 낙엽이 비 오듯 휘날린다. 스님네들의 염불소리와 목탁소리, 그리고 불자들의 지극한 기도소리가 어울려 산가山家의 가을도 더욱 깊어지는 것 같다. 108산사순례를 시작한 지도 벌써 4년, 내년 2월이면 꼭 절반을 회향한다. 그 많은 인원들이 전국을 순례하면서도 단 한 건의 사건, 사고도 없이 원만 회향할 수 있었던 것도 은사이신 청담 스님과 불보살님의 가피 덕분이다.

　지난 24일, 서울 장충체육관 '108산사순례' 4주년 법회와 'G20 정상회의 성공개최를 기원하는 영산재'를 6천여 명의 회원들과 사부대중이 함께 봉행했다. 이 자리에는 대한불교 조계종 총무원장 자승 스님과 전 총무원장 지관 스님, 도선사 부조실 현성 스님 등이 법문을 해 주셨으며, 오세훈 서울시장 등 정관계 인사들이 바쁜 일정에도 불구하고 참석한 데에 대해 깊은 감사를 드린다.

2006년 9월 통도사를 시작으로 2010년 10월 법주사 50회차 순례를 마친 뒤 열린 이날 기념법회는 'G20 정상회의 성공개최를 기원하는 영산재'와 함께 봉행하게 되어 그 의미가 남달랐다. 더구나 휴일, 먼 길인데도 불구하고 전국 곳곳에서 빠짐없이 참석한 회원들은 웅장하고도 장엄한 기념법회를 보고 또 다른 큰 기쁨을 느꼈을 것이다. 더러는 손자·손녀들까지도 참석해 기분이 매우 흐뭇하다.

사오십 대의 주부들이 대부분인 '산사순례'는 '가족사랑'에서부터 시작된다고 할 수 있다. 날마다 가족들의 식탁을 책임지고 아이들을 기르는 주부들이 이른 새벽 집을 나와 전국에 있는 사찰들을 한 달에 한 번씩 순례하는 일은 가족들의 열화 같은 후원 없이는 도저히 불가능하다. 그러나 아내가, 남편이, 어머니가 '산사순례'에 와서 좋은 공기를 마시고 108배 참회기도를 하고 또 산행을 함으로써 건강이 좋아진 것을 경험한 가족들이 덩달아 순례에 함께 참석하는 현상도 많이 나타났다.

어디 그것뿐인가. 사랑하는 가족들의 손을 잡고 한 달에 한 번씩 산사를 다니며 자연의 풍경들을 만끽하고 부처님께 기도를 올리는 일은 가족 간 화목을 위해서도 정말 좋은 일이다. 또한 사찰에는 부처님의 뜻만 있는 게 아니라 우리 민족의 염원은 물론, 민속과 무속 그리고 풍수들이 문화재 속에 찬연하게 녹아 있는 등 우리 문화와 역사가 모두 어우러져 있다.

특히 아이들에게는 국보와 보물을 직접 눈으로 관람하는 기회가 되기도 한다. 이렇듯 산사 순례는 그저 기도만을 올리기 위해 가는 길이 아니라, 세파에 찌든 마음을 깨끗이 닦는 길이다. 또한 아이들에게 어릴 적부터 부처님 사상을 심어 주고 바른 인성을 길러 주는 데는 이보다 더 좋은 일은 없다.

한 가족 순례회원은 "결혼 생활 20여 년 동안 변변하게 여행 한 번 제대로 하지 못했는데 108산사순례를 다니고부터 한 달에 한 번 씩 여행을 떠나는 기분이다. 차 안에 앉아 그동안 나누지 못한 가슴속의 이야기들을 터놓는 계기가 마련되었다. 가족 간의 어려운 점, 아이들의 장래 문제, 그리고 부모님 문제 등 여러 가지를 의논할 수 있고, 구하기 힘든 농촌 생산물들을 직접 구할 수 있어 순례가 더욱 기다려진다"고 말하기도 했다. 요즘은 시부모님은 물론, 대학생 아이들까지도 산사 순례에 적극적으로 나선다. 이것이 오늘날 '새로운 21세기의 신행문화의 패러다임'인 산사 순례의 진풍경이다.

그동안 50차례의 산사 순례를 하면서 회원은 물론, 그 가족들까지 합치면 무려 수만 명에게 불교 포교를 했다고 볼 수 있다. 이보다 더 좋은 불교 포교는 없다. 순례가 끝난 뒤 사찰 속에 깃들어 있는 부처님의 원융圓融한 세계를 불자들이 가슴에 안고 집으로 돌아가는 모습을 보면, 비록 몸은 피곤하지만 나 또한 발걸음이 한량없이 가벼워진다.

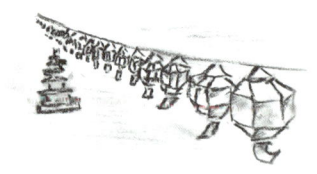

불법승 삼보 의미, 108염주에 고스란히 담겨

은사이신 청담 스님은 평소 제자나 불자들에게 가슴을 찌르는 '마음법문'을 많이 하셨다. '마음법문'은 사람의 마음을 가리키는 도道를 전하는 명저名著이며 선불교에서 최고의 문자라고 극찬을 받고 있는 『신심명』을 지은 승찬 스님에게 법을 전한 혜가 스님의 전언이기도 하다.

당시 문둥병에 걸린 승찬 스님은 늦은 나이인 마흔이 지나 정중하게 예를 갖추고 혜가 스님을 친견하고 이렇게 말씀하셨다.

"스님, 자비로써 저의 죄를 참懺해 주십시오." /혜가 스님이 말씀하셨다. /"그 죄를 가져오너라. 그대를 위해 참해 주리라." /승찬 스님은 오장육부까지 혜가 스님에게 다 바치고 싶어 했지만 말없이 앉아 있다가 이렇게 대답하셨다. / "죄를 찾아도 불가득不可得이옵니다. 찾을 수 없습니다." / "죄를 참해 다 마쳤으니 이제는 불법승佛法僧 삼보에 의지하라." / 승찬 스님은 정중히 삼배를 드리고 물러났다. / "스님을 뵈옵고, 승보僧寶을 알았사오니 그럼, 무엇을 불법佛法이라 하옵니까?" / "이 마음이 곧 불이요, 이 마음이 곧 법이니 곧 둘이 아니니라." / 이것이 그 유명한 혜가 스님의 '마음법문'이다.

청담 스님께서는 생전 입버릇처럼 '마음'을 역설하셨으며 '모든 것은 마음이 짓는다'는 '일체유심조一切唯心造'의 인생철학을 강조하셨는데 주된 내용은 '마음'을 다스리는 법이다. 그래서 청담 스님의 설법은 그대로 마음의 시요, 의미심장한 법문이셨다. 어릴 적 내가 들은 스님의 법문은 나에게 새로운 정신의 경지를 마련해 주셨으며 불자들에게는 위안을 던져 주셨던 것이다.

청담 스님의 '마음법문'은 후에도 나에게 지대한 영향을 끼쳤다. 이는 내가 산사 순례에 앞서 '마음으로 찾아가는 108산사순례'라고 명칭을 붙인 것과도 결코 무관하지 않다.

산사에는 꽃과 나무와 새와 바람과 풍경風磬이 있지만, 그 속엔 무언無言의 부처님의 마음이 흐르고 있으며 또한 너무나 인간적인 부처님의 영혼의 소리가 담겨 있다. 우리가 산사 순례를 떠나는 궁극적인 이유 역시 '마음 공부'를 하기 위해서이다. 이를 불자들이 깨닫기 위해서는 많은 공부가 필요하다.

누구든지 산사 순례를 나서다 보면, 변해가는 사계의 풍경 속에 잠긴 자연의 세계를 마음껏 즐길 수 있으며 그 속에서 인생이 얼마나 아름다운 것인가를 스스로 체험할 수 있다. 어디 그것뿐인가? 산사에 계신 부처님의 형상을 바라보며 자비사상을 터득하게 되고, 깨끗하고 무구無垢한 자연의 참맛도 느낄 수 있으니 이보다 더 좋은 여행은 없다.

청담 스님은 또한 '심정정시불心淸淨是佛'이라고 하셨다. 내 마음이 맑고 깨끗할 때만이 부처가 될 수 있다는 말이다. 곧 산사순례는 세상사에 흐려진 자신의 마음을 맑고 깨끗하게 정화시키는 여행이다. 그러므로 부처는 따로 있는 게 아니라 헛된 욕망을 놓아버리고 마음을 맑게 할 때 부처가 되듯 우리는 108산사순례를 나서는 순간부터 모든 욕망의 끈을 끊어 놓아 버려야 한다. 즉 '방하착防下着'해야만 한다.

인생 공부에 마음 공부만큼 더 큰 것은 없다. '마음 공부'는 잠시 하고 마는 성질의 것이 아니라 영원히 해야 할 우리들의 '인생 공부'이다. 그러기 위해서는 열심히 마음이라는 밭을 갈아야 한다.

곧 108산사순례는 우리가 마음이라는 밭을 갈아 성불이라는 농사를 짓기 위한 한 과정이다.

한 알 한 알 염주에 담긴 불법승 삼보의 뜻을 지극정성으로 우리 가슴속에 담을 때, 108염주는 물론, 성불도 자연스럽게 이루어질 것이다.

극락을 이끄는
'마음' 찾는 대장정

불교의 핵심사상은 '마음' 즉 심心이다. 청담 큰스님은 이러한 마음의 조화와 변화를 체계화시키기 위해 평생을 노력하셨다. 마음이란 무엇이며, 인생에서 마음이 얼마나 중요한가를 큰스님은 체계적으로 확립하여 불교사상에 깊이 투영投影하셨다.

우리가 108산사순례를 나서는 이유 역시, 큰스님께서 항시 말씀하신 그 심心을 찾기 위한 긴 장정長征이다. 이 마음속에 극락이 있으며, 이 마음속에 인욕이 있으며, 이 마음속에 나라사랑이 있으며, 이 마음속에 남과 가족을 사랑하는 마음이 들어 있다.

우리는 흔히 극락세계를 두고 내세세계來世世界라고 한다. 그러나 자세히 들여다보면 극락이란 곧 즐거운 마음이 있는 곳이다. 즉 자기의 마음이 지옥을 만들고 극락을 만들기 때문에 산사 순례는 우리가 가진 탁한 마음을 청정하게 하고 세속의 눈眼을 깨끗하게 하여 마음속에 자비를 갖게 하여 자기 자신을 극락으로 이끄는 길이라고 할 수 있다.

그뿐만 아니라 산사 순례는 '인욕심忍辱心'을 갖게 한다. 인생은 인내심을 기르는 과정이라고 할 수 있다. 참고 참는 것이 인생이라는 말이다. 날씨가 덥거나 추워도 반드시 순례를 나서고자 하는 마음, 비가 오거나 눈이 내려도 순례를 나서고자 하는 마음, 아무리 바쁜 일이 있어도 순례에 빠져서는 안 된다는 그 마음을 가지는 것이 곧 인욕이다. 만약, 이러한 인욕忍辱심을 버리지 않고 평생을 지니고 있다면 이 세상에 어려운 일은 하나도 없을 것이다.

산사 순례는 또한 나라와 인류를 사랑하는 마음을 갖게 한다. 이는 큰스님께서 일생을 통해 주장하신 집념이요, 신념이며 행동이기도 하다. 스님은 호국護國사랑의 근본은 바로 이웃과 가족을 사랑하는 마음에서 출발한다고 말씀하셨다. 우리가 산사 순례를 나서 농촌을 사랑하고 108다문화가정 인연을 맺고 초코파이를 장병들에게 전하는 일, 소년소녀가정 108장학금, 병든 이를 돕는 일 등이 나라사랑이다. 이와 같이 '108산사순례'는 마음을 즐겁게 하고 극락으로 가는 지름길이다. 돌이켜 보면 이 모든 것이 청담 큰스님께서 늘 주창하신 극락사상, 인욕사상, 호국사상과 일맥상통한다.

그러므로 산사순례는 청담 큰스님이 평소 가졌던 그 정신에 대한 유훈遺訓을 실천하는 일이며 '청정심淸淨心 · 청정신淸淨身 · 청정토淸淨土'의 마음의 밭을 가는 '심전경작心田耕作'인 것이다. 참으로 우리는 일생에서 가장 지극한 순례를 하고 있으며 불국토의 길을 한 달에 한 번씩 가고 있다.

여기에는 반드시 참회 정신이 들어가야 한다. 부처님이 계신 곳에 와서 지난 한 달간 잘못 살아온 삶을 참회하고, 또다시 좋은 인연과 좋은 삶을 살기 위한 마음을 다진다면, 우리는 적어도 남은 세월을 아름다운 화엄세계華嚴世界로 자신을 이끌 수가 있다. 정말 이보다 더 좋은 일은 없다.

'사람은 한 번 나면 반드시 한 번 죽는다.' 삶이란 육체의 죽음이 오기까지는 한갓 나그네에 지나지 않는다. 문제는 '어디서 어디로 가느냐'가 매우 중요하다. 108염주를 다 꿰고 나면 이러한 인간 생사의 문제에 대해 우리는 적어도 벗어날 수 있다. 인생이란 '공수래공수거空手來空手去' 아닌 우리는 적어도 108염주를 안고 마음의 즐거움을 안고 극락세상으로 갈 수 있을 것이다.

내가 108산사순례기도회를 만든 것도 다 이런 생각에서이다.

이 모든 것이 오직 마음 하나에 달려 있다. 청담 스님께서 말씀하셨듯이 인생길은 일회성一回性에 불과하다. 그러나 법신의 길은 윤회와 영원 속에 있다. 또한 법신法身은 마음 공부에 달린 영원의 성城을 쌓는 일이기 때문에 산사순례는 자신의 마음을 법신으로 만들기 위해 108염주를 한 알 한 알 꿰어 나가는 일인 것이다.

진리란 결국 마음 하나에 만들어지고 바뀐다는 것을 결코 잊어서는 안 된다. 이것이 곧 '108산사순례기도회'의 마음이다.

큰 고통도 깨달음 얻기 위한 수행 과정

108산사 제51차 순례지 영주 부석사浮石寺 입구, 인공폭포에서 떨어지는 물과 분수가 빚어내는 물안개가 청아한 가을 햇빛을 받아 아름다운 무지개를 그려내자, 회원들은 연신 사진을 찍으며 탄성을 자아 내었다.

일주문을 거쳐 가파른 산길을 오르다가 알알이 이마에 맺힌 땀방울을 닦아 내고 있는 노老보살님. 가을바람에 지천으로 날리는 붉은 단풍잎을 책자에 끼우며 추억에 젖고 있는 젊은 보살님. 부모님의 손을 잡고 순례에 나선 학생들은 도심에서 맡아 볼 수 없는 대자연의 냄새와 정취를 만끽하고 있었다.

부석사는 신라 시대 의상대사가 창건한 사찰로서 세월의 연륜에 녹아, 편안함과 넉넉함이 함께 서려 있는 곳으로 유명하다. 특히 국보 제18호인 세계 최고最古의 목조건물인 무량수전은 극락정토를 상징하는 아미타여래불상이 모셔져 있는데 화려한 단청이 없어 소박하고 근엄하면서도 정감이 있다. 이렇듯 산사순례를 다니다 보면 사찰 건축물의 뛰어난 예술 감각들을 감상할 수 있는 행운을 던져 준다. 이 또한 기도뿐만 아니라 순례에서 맛볼 수 있는 두 배의 즐거움이다.

이번 순례는 부석사 주지 근일 스님의 '감로법문'으로 인해 우리 회원들은 큰 감동을 받았다. 젊은 시절 해인사에서 수행하시다가 교통사고로 인해 머리에 파편이 박히고, 심지어 위암에 걸려 큰 고통을 당하면서도 스님은 병을 수행의 한 처處로 받아 들였다고 한다. 일어서면 쓰러질 듯한 통증에도 불구하고 법상에 올라 법문을 하시기도 하고 치열한 수행을 한 덕분에 말기 위암도 사라졌다고 한다. 오직 공부에만 전념하며 병을 스스로 이겨낸 이야기는 정말 회원들에게 많은 힘을 심어 주셨다.

일찍이 부처님은 "몸에 병 없기를 바라지 말라. 몸에 병이 없으면 탐욕이 생기나니 병으로 양약을 삼으라. 일이 뜻대로 되기를 바라지 말라. 일이 뜻대로 되면 뜻을 가벼운 데 두나니, 뜻대로 되지 않음으로 수행을 삼으라"라고 하셨다. 깊이 생각하면 참으로 가슴에 새겨야 할 말씀이다.

　내가 지닌여름 대상포진으로 고생을 했던 것도 돌이켜 보면 모두 부처님께서 내려 주신 하나의 고행苦行이라는 생각이 든다. 어쩌면 선지식들이 장애 속에서도 다 도道를 이루었듯이, 근일 스님이 암을 이겨 낸 것이나 내가 대상포진을 이기고 108산사순례를 이끌 수 있었던 것도 부처님의 가피력 때문이 아니겠는가.

　병도 장애도 혼자 힘으로 견뎌 내기에는 너무도 많은 어려움이 있다. 세상은 잠꼬대와 같다. 졸다가 누가 깨워 주지만 사실 돌아보면 한평생 남는 것은 아무것도 없다. 이 또한 인간들의 삶이다. 그러나 우리 '108산사순례' 회원들은 늦게나마 불법佛法을 만났으며 그 불법을 수행하기 위해 비가 오나 눈이 오나 바람이 부나 순례를 나서고 있는 것이다. 우리가 행하는 순례의 행각行脚 하나하나가 모두 도道의 실천이다.

　근일 스님이 십선十善을 법문하셨듯이 생명을 살리면 선이 되고 죽이면 악이 된다. 우리는 산사 순례를 다니면서 알게 모르게 십선을 행하고 있다. 이는 성불成佛의 삶을 실천하고 있는 것과 같다/. 일산에 사는 한 보살님은 우울증이 있었다고 한다. 그런데 산사 순례를 다니며 '광명진언' 사경을 매일 하고 108배 참회를 하고부터 우울증이 모두 사라졌다고 한다. 우울증은 현대 여성들에게 가장 심각한 병으로 스스로 목숨을 끊기도 하는 매우 위험한 병이다. 이렇듯 산사 순례는 병든 이를 치료해 주고 정신과 몸을 건강하게 해 준다.

  이날 염주보시를 끝내자 올해 들어 열한 번째 일심광명 무지개가 서쪽 하늘에 나투었다. 그 순간 회원들은 환희심에 젖어 탄성을 올렸다.

순례는 사려 깊은
불자 되는 길

　중생들의 마음속에는 '가아假我'와 '진아眞我' 이 두 가지가 늘 함께 존재한다. '가아'란 거짓된 나이며 '진아'란 참된 나, 즉 '불성佛性·반야般若·생명·중도中道'를 뜻한다.
　일반적으로 우리는 '무언가를 생각하는 것'을 두고 마음이라고 하는데 마음은 곧 '나'라는 존재의 주체이며 육신肉身을 이끈다. 108산사순례는 부처님께 참회의 기도를 올리고, 남을 위한 보시를 하여 거짓된 나인 '가아'를 버리고 참된 나인 '진아'를 찾아 나의 육신을 바르게 이끄는 길이라고 할 수 있다. 이것이 '108산사순례기도회'를 이끄는 목적이며 주된 원력願力이다.

인생은 한 생각을 '잘 하느냐 못 하느냐'에 따라 성공과 실패가 크게 좌우된다. 자신의 마음을 다스리는 것이 매우 중요하다는 말이다. 그래서 불가佛家에서는 '심즉시불心卽是佛' 즉 '마음이 부처'라고 했던 것이며 선종禪宗이나, 팔만대장경의 중요 골자骨字도 모두 '마음'이라 했는지도 모른다. 청담 큰스님도 인간의 마음을 두고 이렇게 말씀하셨다.

"마음은 모든 것의 주체다. 참된 마음은 아무것에도 걸림이 없다. 부처님이나 진리에도 걸려 있지 않기 때문에 이놈이 자유행동을 할 수 있는 것이다. 그러니 천지의 근본이 마음이고 만사萬事의 주체가 이 마음이다. 그러므로 마음을 여의고는 만법이 존재하지 않으니 오직 마음을 의지하여 만사를 자재할 수 있는 영원무궁한 대자유인이 되어서 만호중생의 구세주가 되어야 하겠다. 그리고 높고 큰 원력을 굳게 다짐하여야 할 것이다."

내가 9년간의 대장정인 108산사순례를 나선 것도 청담 큰스님께서 항시 말씀하셨던 '원력願力을 굳게 세운다면 못 할 것이 없다'는 강한 믿음 때문이었다. 나에게 이와 같은 굳은 결심이 없었다면 차마 엄두도 내지 못했을 것이다.

이젠 절반의 장정이 우리 앞에 놓여 있다. 우리 회원 개개인들도 나와 함께 108산사순례를 반드시 회향하여 '108염주'를 꿰겠다는 강한 원력을 마음속에 저마다 가지고 있다. 나는 이와 같은 굳

은 결심을 가지고 있는 우리 회원들이 늘 자랑스럽고 부처님처럼 존경스럽다.

우리는 늘 입으로 불법佛法이나 성불成佛을 외치지만 이 모든 일들은 마음을 깨치는 공부에 지나지 않는다. 결코 마음을 깨치지 않고서는 성불은커녕 불법佛法을 배울 수도 이룰 수도 없다. 원래 인간은 욕망과 망집妄執을 함께 가지고 있다. 우리가 세상을 살면서 괴로워하는 것은 이 두 가지에 갇혀 끊임없이 자기 자신을 괴롭히기 때문인데 이를 버리고 마음을 정화淨化시키는 일이 곧 부처님의 사상이다.

물론 부처님이 왕자의 자리를 버리고 스스로 고행을 통해 성불을 이루신 것에 비견比肩할 수는 없지만, 우리가 108산사순례를 나서는 일은 부처님의 사상을 따르며 욕망과 망집에 둘러싸인 거짓된 나인 '가아'를 정화시켜 참된 나인 '진아'로 가기 위한 긴 장정이다. 또한 산사 순례는 자신과 가족을 정화淨化시키는 것은 물론, 남을 돕고 보시를 하며 마음속의 즐거움을 구해 부처님의 마음을 닮아가는 장엄하고 위대한 길임을 명심해야 한다. 우리가 순례에 나서 108참회를 하는 것은 곧 마음속의 '가아'를 정화하여 자신을 지배하고 있는 애욕과 쾌락을 버리고 남을 위하는 사려 깊은 불자가 되기 위한 것이다. 12월, 산사순례는 동해 두타산 삼화사三和寺이다. 긴 거리 때문에 티베트나 중국의 불교성지 순례를 가는 것처럼 오랜만에 밤 열시 야간열차를 타고 이동할 예정이다. 열차 여행은 버스 여행보다 즐겁고 편안하며 새로운 추억을 남긴다. 기착지인 정동진역은 아침 일출이 장관이어서 한 해를 마감하고 신년을 맞이하는 우리 회원들에게 새로운 희망의 메시지를 안겨 줄 것 같다. 또한 예전, 젊었을 때 맛보았던 여행의 기쁨을 다시 한 번 만끽할 수 있으리라 본다. 이번 산사 순례는 한 해를 마무리하는 시점이기 때문에 빠짐없이 순례에 동참하였으면 한다.

이웃 살피고 돌보는 것이
부처님 마음

요즘 세상은 하루가 다르게 급변急變하고 있다. 사회와 정치가 그렇고 경제가 그렇고 민심 또한 그렇다. 이런 와중에도 변하지 않는 게 있다면 그것은 바로 '부처님의 마음'이다. 그럼, 무엇이 부처님의 마음일까? 우리는 이를 헤아려 바른 마음의 길을 찾아가야 한다.

부처님의 마음은 결코 먼 데 있는 게 아니다. 어렵고 힘들 때일수록 변하지 않는 마음, 한결같은 마음, 남을 돕고 사랑하고 따뜻하게 위로하는 마음이 곧 그것이다. 얼마 전, 연평도가 북한에게 포격을 당해 젊은 병사와 국민들이 희생되었다. 그 어떠한 명분으로도 사람이 사람을 해칠 수는 없기에 병사들과 국민들의 죽음은 정말 가슴 아픈 일이 아닐 수 없다. 하루아침에 집을 잃고 찜질방을 떠도는 연평도 국민들의 삶은 그야말로 힘들다. 겪어 보지 못한 사람은 이런 힘든 과정을 모를 것이다.

 자기 혼자 성불을 하기 위해 수행하는 것은 소승불교小乘佛敎에 지나지 않는다. 이젠 우리 불교도 남과 더불어 가는 대승불교大乘佛敎의 경지에 있다. 그럼 어떻게 해야 대승의 경지에 도달할 수 있을 것인가? 하루하루를 살면서 '어려운 이가 없는가' 하고 나의 이웃과 주변을 살피고 그들을 돕는 일이다. 이것이 바로 부처님의 마음인 '자리이타自利利他'이다. 그와 반대로 오직 자기만을 생각하고 이기적이고 배타적인 마음만을 가지고 세상을 산다면 한갓 중생에 지나지 않는다.

 이 세상은 늘 '부처님과 중생'이 함께 살고 있다. 부처가 따로 있고 중생이 따로 있는 게 아니라 내 이웃이 부처요 중생이요 내가 바로 부처이다. 부처님의 마음을 가지고 있으면 부처이며 중생의 마음을 가지고 있으면 중생에 지나지 않는다. 그럼, 지금 우리는 부처가 될 것인가, 중생이 될 것인가? 어려운 이웃을 보고도 못 본 척한다면 중생이 될 것이고 그들의 극락왕생을 기원한다면 우리는 부처인 것이다. 그러므로 우리는 지금 어려움에 처해 있는 연평도의 국민들을 위해 물질적으로 도움을 주지 못할지언정 마음으로나마 그들을 위로하고 그들과 아픔을 공유해야 한다. 이 또한 '108산사순례' 회원들의 마음이다.

적어도 우리 회원들은 산사 순례를 나서는 그날만큼은 중생이 아니라 부처가 되어야 한다. 확고부동하게 틀림없이 그래야만 한다. 부처님이 계신 산사에 가서 부처님의 마음으로 기도를 올리는 그 마음이 준비되지 않고서는 아무리 열심히 공양을 올린다고 해도 전혀 소용이 없다는 말이다.

우리는 산사 순례에서 생과 사의 고해를 건너 이상경인 열반에 이르는 6가지 방편인 보시布施 · 지계持戒 · 인욕忍辱 · 정진精進 · 선정禪定 · 반야바라밀般若波羅蜜을 실천하는 덕목德目을 기르고 있다. 이것이 바로 대승불교에서 가장 중요시하는 육바라밀 수행법이다. 이 중에서도 우리 회원들은 보시를 가장 많이 실천해야 한다.

보시란 자비로 널리 사랑을 베푸는 행위로서 재시財施 · 법시法施 · 무외시無畏施의 3가지 종류가 있다. 재시는 자비심을 말하고, 법시는 부처의 법을 말하는 것이며, 무외시는 스스로 계戒를 지키는 것을 말한다.

우리는 단순히 여행을 떠나는 게 아니라 이웃을 사랑하고 돕고 열심히 보시를 올리기 위해 9년이라는 길고 먼 길을 가고 있다. 부처님이 계신 곳에 빗물이 새지 않도록 기와 한 장을 올리고 쌀 한 톨, 촛불 공양을 올리는 그 마음을 가슴속에 영원히 담고 배우기 위해 먼 길을 가고 있다. 이것이 남을 위하고 자기를 위하는 부처님의 마음인 '자리이타'이다.

　우리는 절반의 '108염주'를 꿰었다. 이젠 우리 회원들도 변화의 시점에 있다. 아니 변화하고 있을 것이다. '자신이 곧 부처'라는 획기적인 생각을 반드시 가지고 있어야만 한다. 이보다 더 큰 변화는 없다. 내가 부처인데 어떻게 남을 욕할 수 있으며 남을 해칠 수가 있겠는가? 내가 부처라고 생각한다면 우리의 이웃을 위해 기꺼이 도울 수 있는 마음이 생길 것이다. 이것이 큰 변화이며 곧 부처님의 마음을 가지는 길임을 명심해야 한다.

순례로 분별심 버리고
보리심 증득

'보리菩提'는 불교에서 가장 많이 쓰이는 단어지만 우리 불자들은 '보리'가 진정 무엇을 뜻하는지 제대로 모르고 있을 때가 많다. '보리'를 문헌적으로 보면, 불교에서 수행 결과 얻어지는 깨달음 또는 그 지혜의 깨달음을 얻기 위한 수도修道의 한 과정이라고 되어 있다. 불교에서 '보리'를 구하는 방법에는 여러 가지 길이 있지만, 그 또한 자신의 근기根基에 알맞은 길을 찾아 행하면 된다. 마치 가는 길은 다르지만 종착역이 매한가지이듯이 말이다.

우리가 '산사 순례'를 하는 궁극적인 이유도 이 '보리'를 증득證得하기 위함에 있다. 왜냐하면 9년간에 걸친 '108산사순례'는 결코 쉽지 않는 하나의 수행 과정이며 이를 통해 삶의 지혜와 깨달음을 구할 수 있기 때문이다. 그러므로 '108염주'를 모두 꿰는 것은 '보리'를 증득하는 것과 다름이 없다. 염주 한 알 한 알 속에 말로 헤아릴 수 없는 부처님을 향한 지극한 정성이 담겨 있고, 마음으로 표현할 수 없는 공경심이 모두 들어 있다. 생각해 보면 이보다 더한 공양은 없다.

다들 지혜와 깨달음인 '보리'를 얻는 것을 두고 아주 힘들고 거창한 것이라 생각하기 쉽지만 결코 어렵고 거창한 것이 아니다. 자신의 생업을 유지하여 가족을 보살피고 어려운 이웃을 돕고 마음을 잘 다스리는 것이 지혜이며, 탐욕과 번뇌를 지우고 자신의 삶에 충실하는 것이 곧 깨달음이다. 말하자면 '누워서 떡 먹기보다 쉬운 것'이 지혜이며 깨달음이지만, 보통 사람들은 이를 알면서도 제대로 '보리'를 구하기가 어렵다고 한다.

나는 우리 회원들에게서 수많은 '보리심'을 발견했다. 장병들에게 초코파이 상자를 전하거나, 부처님께 공양미를 올리고 또 기와 한 장을 보시하거나 며느리가 시어머니의 손을 잡고 산사 순례에 오는 것이나 가족들이 삼삼오오 순례에 나서는 모습이 바로 보리이다. 이와 같이 '보리'란 멀리 있는 게 아니라 실천하는 마음 한가운데에 있다. 그러므로 '보리'를 이루기 위해서는 자신의 '마음'을 잘 다스려야 한다.

원래 인간의 마음은 '명경지수明鏡止水'처럼 맑고 평평하여 움직이지 않는다. 그런데 여기에 바람이 불면 파도가 일게 된다. 스스로 마음이 파도를 일게 하는 게 아니라 외부로부터 그 어떤 작용을 받아 파도가 일어난다는 말이다. 다시 말해 마음은 하나의 '허공'에 지나지 않지만 어떤 유혹을 받게 되면 자신도 모르게 번뇌의 불길이나 탐욕에 빠져들게 된다. 이렇게 되어서는 결코 '보리'를 구할 수 없게 된다. 진정한 보리를 얻기 위해서는 모든 탐욕과 번뇌를 끊고 그대로 놓아 버리는 것이 중요하다. 이를 두고 고금의 선사들은 '방하착放下着'이라고 했다.

'108산사순례'를 다니다 보면 우리는 자연스럽게 '마음을 비우고, 놓아 버리는 법'을 배우게 된다. 산사에 와서 부처님을 대하고 끊임없이 참회를 하다 보면, 자신도 모르게 마음속에 겸허와 겸손이 깃들게 되고 세상을 지혜롭게 사는 법을 자연스럽게 터득하게 되어 너그럽게 타인을 용서하게 되고 자신을 스스로 낮추는 법을 알게 된다. 이런 과정을 겪다 보면 어느새 도인道人이 된 자신을 발견할 수 있게 될 것이다. 참으로 재미있지 않은가. 이것이 세상을 즐겁고 지혜롭게 사는 방법이다

불자들은 입에 침이 마르도록 '보리'를 외친다. 우리 '산사순례' 회원들도 예외는 아니다. 그런데 '산사 순례'에 왔다 며칠만 지나면 보리심이 온데간데없다. 이는 수행의 부족이라기보다는 자신

의 근기根基가 모자란 탓이며 분별심을 버리지 못한 까닭이다. 심지어 순례에 와서도 좋은 자리를 차지하기 위해 일시적으로 다투는 마음이나 조그만 불편을 이기지 못하고 화를 내는 것도 이 때문이다.

　마음을 놓아 버리고 비워 버리는 것은 '좋다, 나쁘다'라는 분별하는 마음을 버리라는 뜻인데 곧 분별심이 갈등과 번뇌와 탐욕을 일으키는 원인이 된다. 그러므로 '산사순례'는 곧 그러한 분별심을 버리는 하나의 과정이며 '보리'를 구하는 길임을 명심해야 한다.

산사순례 회향은
두타행 실천과 같아

제52차 108산사순례 동해 두타산 삼화사三和寺로 가는 서울역 대합실, 회원들이 밤 열차에 몸을 실었다. 차창 밖 먼 민가의 불빛들이 짙은 어둠 속에서 새록새록 아름답게 반짝인다. 더러는 의자에 앉아 책을 읽거나 담소를 나누기도 하고 더러는 차창 밖을 내다보며 겨울의 정취에 마음껏 젖어 있다. 오랜만에 기차로 산사 순례를 떠나는 회원들의 마음은 즐거움으로 가득했다.

밤기차는 밤새 달려 이른 새벽 정동진역에 닿았다. 동해에서 불어오는 칼바람이 귓불에 스치자 얼얼하다 못해 화끈하다. 회원들은 추위에도 아랑곳없이 방생법회에 참석했다. 저마다 손에 든 소원성취 연등 촛불을 모래사장 위에 하나씩 놓자 어느새 '선묵혜자 스님 108산사기도회' 문구가 어둠 속에서 아름답게 시구時句처럼 펼쳐졌다. 한 해를 보내고 새롭게 한 해를 맞이하는 소원성취 방생법회를 끝내자 붉은 아침해가 한 폭 그림처럼 목선 위에서 아련하게 떠오르기 시작했다. 가슴 뭉클한 장관이었다. 회원들은 연신 사진을 찍거나 소원을 빌었다.

무릉계곡이 있는 두타산 삼화사로 가는 관광버스를 탔다. 두타산은 인도 초기 불교의 두타수행과 깊은 관련이 있다. 불교에서 두타頭陀란 '의식주에 대한 집착을 버리고 심신을 수련하는 것'을 말한다. 초기 인도의 수행자들은 수행을 철저하게 하기 위해 열두 가지 두타행을 실천으로 삼았다. 인가人家와 떨어진 조용한 숲속에 머물면서 수행을 하고 항상 걸식을 하며 걸식할 때는 빈부 격차를 가리지 않으며 하루에 단 한 번만 음식을 먹고 과식하지 않고 점심 이후에는 과실즙이나 꿀 등도 먹지 않고, 헌 옷감으로 만든 옷을 입으며 삼의三衣 이외에는 소유하지 않는다.

또한 무상관에 도움이 되도록 무덤 곁에 머물고 나무 밑에 거주하거나 지붕이 없는 곳에 앉고 단정하게 앉아 눕지 않는다. 불교 초기에는 잘 지켜졌으나 나중에는 산이나 들, 세상을 편력하며 고행하고 수행하는 개념으로 바뀌었는데 가섭존자가 두타제일로 칭송되었다.

우리가 '산사 순례'를 회향하는 것도 이 두타행을 실천하는 것과 같다. 부처님 앞에 참회의 기도를 올리고 남을 위하고 도우며 번뇌의 때를 버리고 탐욕의 옷을 벗는 것도 하나의 수행修行과정이다. 이 과정을 통해서 우리는 날마다 좋은 날을 만들고 날마다 부처가 되어 가고 있는 것이다.

삼화사 일주문 입구에 도착하자 제일 먼저 탄허선사가 쓴 편액이 눈앞에 들어온다. 산이 마치 일주문을 이고 앉아 있는 것같이 당당한 위용威容과 거칠면서도 힘이 있는 필체이다. 회원들은 아름다운 산길을 따라 일렬로 오른다.

삼화사는 월정사의 말사로서 신라 시대 선덕여왕 11년 때 자장스님이 당나라에서 귀국하여 이 곳에 절을 짓고 흑련대黑蓮臺라 하였다. 그 후 범일국사가 중창 삼공암三公庵이라 하였다가, 고려 태조 때 삼화사라고 개칭하여 많은 부속암자를 지었다. 조선시대 때 절이 크게 확장되고 일제 때 왜병에 의해 소실되어 중건되었다가 1977년 중대사中臺寺 옛터인 무릉계곡의 현 위치로 이건移建하였다. 경내에는 대웅전·약사전을 비롯하여, 문화재로 신라시대의 철불, 3층 석탑 및 대사들의 비와 부도가 있다.

삼화사 하면 국민관광지로 알려진 무릉계곡을 빼놓을 수 없다. 신선이 노닐었다는 전설에 따라 '무릉도원' 두타산과 청옥산을 배경으로 하는 이 계곡은 기암괴석과 무릉반석, 푸른 못 등으로 유명하다. 고려시대에는 이승휴가 머물며 《제왕운기》를 집필하였고, 이곳을 찾았던 많은 시인 묵객들의 기념 각명刻名이 무릉반석盤石에 새겨져 있다. 삼화사가 전국기도처로 알려진 것은 철불 노사나불의 위용 때문이다. 골동품 상인이 이 철불을 훔쳐 도망을 갔다가 어느 기자의 꿈에 나타나 되찾은 기이한 실화는 부처님의 영험을 단적으로 보여 준다.

  이번 산사 순례는 지독한 겨울 추위에도 불구하고 많은 회원들이 참석을 해 주어 흐뭇하다. 기도란 아무리 힘들고 추워도 해야 한다. 그것이 곧 수행인 것이다.

모든 것은 지금 이 순간
마음에 달려 있다

경인년庚寅年도 저물어 가고 있다. 이쯤에서 우리 불자들은 한 해를 뒤돌아보고 자신이 살아온 날들에 대한 참회를 하고 새롭게 다가오는 신미년辛未年 한 해를 어떠한 마음가짐으로 살 것인가를 다짐해야 한다.

서양의 격언에 '카르페 디엠Carpe diem'이라는 말이 있다. 이 뜻은 '오늘을 잡아라'이다. 이렇듯 동서양이나 우리에게 '이 순간'은 매우 중요하다. 오늘 내가 무엇을 듣고 보고 있으며 무엇을 하고 있고 어떤 생각을 하고 있는가는 우리의 미래를 결정하는 중요한 문제이다. 왜냐하면 지금 우리가 하고 있는 일이 우리가 지금 쌓고 있는 업業이기 때문이다. 이를 명심하지 않으면 안 된다.

일찍이 부처님께서는 "과거는 이미 지나갔으며 미래는 아직 오지 않았고 세상에 오직 존재하는 것은 지금 이 순간뿐이다"라고 말씀하신 것도 이 까닭이다. 이 말씀의 뜻은 미래는 아직 오지 않았고 과거의 일은 돌이킬 수 없기 때문에 오히려 미래와 과거의 일에 얽매이다 보면 오히려 '지금 이 순간'이라는 소중한 시간들을 잃기 쉽다는 뜻이다. 참으로 마음 깊은 법문이다.

그러므로 우리에게 중요한 것은 말할 것도 없이 지금 '이 순간'이다. 오늘 '이 순간' 진실로 자신의 일에 최선을 다하고 항상 보시하는 마음으로 살아가는 불자들의 미래는 밝지만 그렇지 못한 이는 불행할 수도 있다. 물론 이를 행하기란 결코 쉽지 않다. 대개 사람들은 어떤 좋은 일도 생각만 하고 실천을 하지 않는 습관이 있다. 이것이 나쁘다는 것은 아니다. 무슨 일이든 자꾸 미루는 습관을 지닌 사람은 그 때를 놓쳐 실로 인생에 중요한 것들을 잃기 쉽다.

'108산사순례'를 가서도 마찬가지이다. 우리가 성지 순례를 하는 목적은 부처님 전에 참회를 하고 자신의 업을 지우고 미래의 행복을 구하기 위함이다. 그런데도 불구하고 부처님 전에 공양미를 올리거나 기와 불사를 하는 일을 소홀히 한다면 성지 순례의 의미도 퇴색될 수밖에 없다. 백 마디의 말보다 한 번의 보시를 행하는 일이 바로 복밭을 일구는 일임을 알아야 한다.

　부처님께서는 6년 동안 극심한 고행 끝에, 물가[尼連禪河]에서 청수욕을 한 뒤, 처녀 난다가 가져온 우유 한 그릇을 마시고 청신한 기운을 차려, 다시 우루베라촌의 고행림苦行林인 가야의 보리수나무 밑으로 옮겨 가서 대용맹정진大勇猛精進을 시작하여 해탈을 하셨다. 말하자면 해탈과 열반의 경지를 한꺼번에 획득하게 한 부처님의 좌선 정진은 난다의 지극한 우유 한 그릇의 공양 덕분이었다. 이와 같이 공양이란 작고 많음에 있는 것이 아니라 마음에 달려 있는 것임을 알아야 한다.

　우리가 '108산사순례'에 가서 부처님 앞에 참회를 하고 기도를 하는 '그 자리 그 순간'은 매우 소중한 시간이다. 성지 순례는 단순히 여행을 떠나는 것이 아니다. 우리는 그곳에서 인생의 본래 면목과 모든 사물의 본체인 근본원리를 발견하여 따지고 일심一心으로 수도와 수행 정진을 함께 터득하는 것이 매우 중요하다. 이것이 정려靜慮요 사유수思惟修이다. 말하자면 세속의 모든 잡념과 번뇌 망상을 씻는 자리가 바로 '108산사순례'인 것이다. 참된 마음은 멀리 있는 게 아니다. 오늘 '이 순간' 남을 위해 돕고 사는 마음, 부처님과 스님들에게 공양하는 그 마음이 바로 참된 마음이요, 불교에서 말하는 진아眞我이다.

　한 해가 저물어 간다. 한 해가 가면 인간은 한 살을 더 먹는다.

세수歲首를 한 살 더한다는 것은 생생의 업을 한 해 더 쌓는다는 것과 다를 바가 없다. 좋은 일을 많이 하고 보시를 많이 한 사람은 자신의 업을 잘 닦았을 것이고 그렇지 않은 사람은 후회가 될 것이다.

이 세상에 자신이 지은 업을 지우는 데는 보시보다 더 좋은 일이 없음을 명심하자. 끝으로 세밑 가난한 이웃들을 돌아보고 '지금 이 순간' 그들에게 따뜻한 마음의 기도라도 드리자. 그것이 바로 우리 불자들이 행할 도리이며 보시이다.

새해에는 수행 · 나눔으로
마음의 문을 열자

　새해가 밝았습니다. 새로운 한 해의 문을 여는 지금, 우리 '108 산사순례' 회원들은 어떤 각오를 가지고 있습니까? 부처님께서도 3개월의 안거安居를 마친 뒤 나이 한 살을 더 잡숫는 것이 새해맞이였습니다. 이를 수세受歲라고도 하는데 대개 7월 보름이며 이것이 법랍法臘이 됩니다. 말하자면, 불가의 한 해란 그냥 얻어지는 것이 아니라 치열한 수행 뒤에 얻어지는 것입니다.

　허송세월을 보내다가 그저 한 살을 더 먹는 것은 부끄러운 일입니다. 이 세상은 '날마다' 새로운 날의 시작일 뿐, 애초부터 끝이란 없습니다. 하루가 지나가면 늘 우리 앞에 도래하는 것은 바로 '오늘'입니다. 자신에게 주어진 삶을 열심히 살다 보면 분명 '날마다 좋은 날'이 될 것입니다. 그러기 위해서는 닫힌 마음의 문門을 활짝 열어야 합니다.

불가佛家에서의 문은 아주 중요한 의미를 지닙니다. 문이란 두 가지의 상징적인 의미를 지니고 있습니다. 하나는 일주문이나 방문房門처럼 실체의 문이고, 다른 하나는 출가의 문, 해탈의 문, 열반의 문 등 경계를 나타내는 상징적인 문입니다. 물론, 이것은 출가자가 나아가야 할 최종의 길입니다. 따라서 불가에서의 문밖의 세상과 문안의 세상은 속계俗界와 진계眞界의 경계를 나타냅니다. 말하자면, 문은 엄청난 의미를 가지고 있다고 하겠습니다.

그럼, 우리 '108산사순례기도회' 회원들은 지금 어떤 문을 열겠습니까? 지금 우리는 새해의 문을 여는 시점에 있습니다. 그동안 우리 '108산사순례' 회원들은 지극한 불심佛心으로 순례지의 문을 하나씩 열어 이제 52군데 성지聖地의 문을 모두 열었습니다.

돌아보면 시간은 속절없이 화살처럼 매우 빠릅니다. 올해도 안성 '칠장사'를 시작으로 12곳의 성지 순례의 문을 엽니다. 지극한 마음과 정성으로 부처님이 계신 곳을 찾아가는 우리들의 마음가짐 또한 매우 특별합니다. 한 곳 한 곳 우리가 발을 디딘 곳에 불사佛事한 기와 한 장, 그리고 공양미 한 봉지, 우리가 올린 지극한

향불 하나가 아직도 타오르고 있다는 것을 결코 잊어선 안 됩니다. 얼마나 따뜻한 마음입니까? 얼마나 지극한 정성입니까?

아직도 가야 할 길이 멀고 멉니다. 우리 앞에는 강을 건너고 산을 넘어 당도해야 할 극락의 성지가 기다리고 있습니다. 우리가 향하는 '108산사순례성지'는 바로 극락임을 알아야 합니다. 우리는 돌아오는 길마다 마음속에 극락을 품고 돌아온다는 것을 알아야 합니다. 그것이 성불입니다. 새해에도 우리는 어김없이 극락과 성불을 위해 달려가야 합니다. 그래서 올해 첫 산사 순례 시작의 의미는 각별합니다.

인도에서는 '아디adi'라는 말이 있습니다. 이 말은 한자어로 '잡다取'를 뜻하는데 '시작은 무엇인가를 구하기 위한다'는 의미로 해석할 수 있습니다. 이렇듯 우리가 향하는 성지 순례의 길은 단순한 길이 아닙니다. 바로 극락과 성불, 마음의 행복과 평화를 취하기 위한 기나긴 여정임을 알아야 합니다.

그럼, 순례란 우리에게 어떠한 의미를 주는 것일까요? 분별심과 화를 버리는 수행이며 어려운 사람을 위해 선행을 베푸는 일입니다. 그래서 우리는 국군장병에게 초코파이를 전해 주고, 다문화가정에게 인연을 맺어 주고, 청소년에게 108장학금을 주고, 효행상을 시상하고, 재앙으로 희생된 아이티에 도움을 주고, 병든 이에게는 약사여래 부처님이 되지 않았습니까? 이 지극한 '베품'은 우리가 마음의 문을 활짝 열었기 때문입니다. 우리가 이처럼 남을 위하고 부처님께 공양을 하는 것은 분별심을 떠나 세상을 바라보는 넉넉한 눈을 산사 순례를 통해 떴기 때문입니다.

  이 세상에는 쉬운 일이 하나도 없습니다. 어떤 일을 하는 데도 수많은 어려움과 역경이 늘 마주합니다. 지난 4년 동안 우리는 비가 오나 눈이 오나, 바람이 부나 혹독한 추위와 더위 속에서도 이를 이겨 내고 단 한 번의 일탈도 없이 순례를 다녀왔습니다. 돌아보면 우리 회원들의 노력과 정성 그리고 인내에 대해 감복하지 않을 수 없습니다. 회주로서 진심으로 여러분들의 노력에 감사드립니다.

순례로 얻은 행복,
천년 전 혜초 스님과 같아

    2010년 12월, 신라의 혜초 스님이 727년에 쓴 《왕오천축국전》이 1300여 년 만에 우리나라에 돌아왔다. 1908년 중국 둔황敦煌의 막고굴莫高窟 장경동藏經洞에서 발견돼 프랑스로 넘어간 뒤 한국에 전시되는 것은 역사상 처음이다. 프랑스인 펠리오가 가져갔던 그 위대한 견문록은 현재 '국립중앙박물관'에 전시되고 있다.

    나는 한국인으로서, 스님으로서, 오늘날 '108산사순례'를 이끌고 있는 회주로서, 《왕오천축국전》의 귀향 소식을 듣고 한동안 마음속으로 매우 기뻤다. 당시 혜초 스님은 신라의 수도 경주를 출발하여 뱃길로 중국 광저우廣州를 거쳐 불교의 성지인 인도에

도착한 뒤 육로로 페르시아 중앙아시아를 거쳐 당의 수도 장안(지금의 시안)까지 2만km의 대장정을 여행하고 이 위대한 견문록見聞錄을 전 세계에 남긴 것이다.

스님은 불쑥 치미는 향수, 여행길의 지독한 고통과 추위를 이기기 위해 오언시五言詩를 쓰며 신심을 달랬다. 교통수단이 전무한 상태에서 오직 발우와 봇짐 하나만을 들고 대장정을 나선 혜초 스님의 구법 기행은 부처님에게 향하는 지극한 정성의 발로였다. 특히 인도의 보드가야의 큰 보리수 앞에 세워진 '마하보리사'에 도착하고 쓰신 시는 부처님에게 향하는 스님의 절절한 향수가 배어 있어 가슴을 울리고도 남음이 있다.

'보리대탑 멀다지만 걱정 않고 왔으니/녹야원의 길인들 어찌 멀다 하리오./길이 가파르고 험한 것은 근심되지만/개의치 않고 업풍業風에 날리리라./여덟 탑을 보기란 실로 어려운 일/ 세월이 지나 본래 그 모습은 아니지만/ 어찌 이리 사람 소원 이뤄졌는가/오늘 아침 내 눈으로 보았네.'

스님은 불교성지를 순례하겠다는 일념으로 기나긴 세월을 오직 두 발에 의지하여 그 기나긴 길을 홀로 걸었다. 하지만 스님에게도 고향 계림鷄林 지금의 경주에 대한 그리움은 어쩔 수 없었다.

'내 나라는 하늘 끝 북쪽에 있는데/ 남의 나라 땅 끝 서쪽에 있네./ 일남日南에는 기러기마저 없으니/ 누가 소식 전하러 계림으

로 날아가리.'

스님은 그야말로 순간순간마다 생사生死의 고비를 수없이 넘겼다. 그리고 마침내 순례의 대장정을 마쳤다. 열다섯의 어린 나이임에도 불구하고 신라를 떠나 구법 여행을 위해 당나라에 들어갔다가 광저우에서 인도 출신의 밀교승인 금강지와 불공을 만나 그곳에서 밀교를 배우고 그의 제자가 되었다. 스님이 인도로 구법 여행을 떠나게 된 결정적인 이유였다. 비록, 스님은 신라인이었지만 그 관계로 인해 《왕오천축국전》이 당나라에 머물게 되었지만 스님은 결코 자신의 조국인 신라를 잊을 수 없었다.

나는, 참으로 이번 《왕오천축국전》의 귀향에 대해 큰 기쁨을 느낀다. 혜초 스님이 홀로 겪었던 그 힘들고 어려웠던 수행의 여정旅程만을 생각하면, 현재 우리가 하고 있는 '108산사순례'의 힘든 여정은 비할 바는 아니다. 그러나 지난 52차례의 순례 동안 우리는 1만 5천여 km의 긴 순례 길을 다녔다. 1300여 년 만에 《왕오천축국전》이 우리나라에 돌아온 것은 축복이며 나와 우리 '산사순례회원'에게 큰 힘을 던져 주는 계기가 되고 있다.

순례는 하나의 도전이다. 천년 전 혜초 스님이 걸어갔던 그 순례의 길을 나와 우리 회원들도 언젠가는 한번쯤 가 보아야 한다는 생각이 든다. 혜초 스님이 우리 한국인들에게 심어 준 그 위대한 도전 정신을 이제는 우리가 계승해야 한다.

이렇듯 불교에 있어 산사 순례는 그 지역경제를 활성화하고 문화를 확대 재생산할 뿐만이 아니라, 불자들에게는 평생 잊을 수 없는 보람을 던져 주기도 한다. 순례를 할 때마다 그 순간 닥쳐오는 새로운 것에 대한 체험을 통해 인생에 대한 견문을 넓힐 수 있는 것도 하나의 귀중한 자산이다.

삶은 땀과 노력에 의해 맺어진다. 순례 역시 길을 스스로 나서는 자에게만 그 문을 연다. 그 속에서 인생의 기쁨을 맛볼 수가 있다. 혜초 스님이 기나긴 실크로드를 따라 수행을 하고 말할 수 없는 행복감을 느꼈듯이 우리 회원들도 대장정을 끝내고 손에 '108염주'를 손에 들면, 마침내 성불과 극락의 기쁨을 맛볼 수 있을 것이다. 그날이 되면 우리의 삶도 무한 행복해질 것이다.

순례 통해 세상 모든 생명에 경애심 배워

요즘, 우리나라에 슬픈 소식들만 가득한 것 같다. 북한의 천안함 폭침, 연평도 폭격, 구제역 확산 등이 그것이다. 구제역으로 인해 가축들의 14%인 130여만 마리가 살살처분되었다. 이로 인해 지난 5년 동안 단 한 번도 연기된 적이 없었던 '108산사순례'도 결국 월말로 연기되고 말았다. 그래서 지난 13일 순례지에서 하려고 했던 '구제역·조류독감 확산방지 및 희생가축 천도재'를 도선사 호국참회원에서 봉행하였다. 도선사 합창단의 엄숙한 '무상계' 합창을 시작으로 진행된 이날 천도재에서는 회원들이 일일이 반배를 하며 가축들의 영혼을 달래었다.

국가적 차원에서 행하는 이번 일로 인해 농민들의 아픔은 이루 말할 수 없다. 자식같이 키워 온 가축들의 눈망울을 보고 깊은 시름에 빠져 있는 농민들의 슬픔을 우리는 결코 외면해서는 안 된다. 얼마 전 80세 노부부와 30여 년간을 함께 살아온 늙은 소의 이야기를 그린 '워낭소리'가 우리나라에 큰 반향을 일으켰던 적이 있다. 애지중지 길러 온 소의 마지막 운명 앞에 노부부는 마치 제 자식을 떠나보내는 듯 깊은 슬픔을 자아냈었다. 그 영화 속에서 우리는 생명의 귀중한 탄생, 그리고 죽음을 엿보았다.

부처님께서도 생로병사生老病死를 벗어나 더 이상의 윤회를 하지 않기 위해 고행의 길을 갔다. 불가에서 생사生死는 둘이 아닌 하나로 본다. 그러나 생사는 엄연히 다르다. 구제역 예방에 좀더 심려를 기울였다면, 이런 엄청난 살처분을 막았을 것이다. 누구의 잘못을 탓하기 이전에 일찍 생을 마친 가축들의 영혼을 달래는 것은 우리들의 몫이다.

오계五戒 중에서 가장 무거운 죄는 살생殺生이다. 그래서 부처님께서는 어떠한 일이 있어도 생명을 죽여선 안 된다고 말씀하셨다. 이 세상에 태어난 모든 생명들은 저마다 살아야 할 이유가 있으며 존재가치가 있다. 불가의 큰 가르침은 전생과 내생에 있다. 우리가 다시 내생에 가축으로 태어나지 않으리라는 보장이 없다. 그것이 또한 불가佛家의 이치이기도 하다. 무려 130여만 마리의 가축을 살처분하는 것은 숙연宿緣의 업業을 짓는 일이다. 그러기에 이런 재난을 더 당하기 전에 심사숙고하여 철저하게 예방해야 한다.

비가 오나 눈이 오나 추우나 더우나 단 한 번도 빠짐없이 순례를 다녀왔지만 우리는 이번 국가적 재난 앞에 어쩔 수 없이 순례를 연기하게 되었다. 하지만, 이 일 또한 우리에게는 하나의 교훈으로 남게 되었다. 촛불이 자신의 몸을 태워 세상을 밝히듯이 가축들은 자신의 몸을 희생하여 인간들에게 양분을 제공해 준다. 이를 볼 때 가축들은 우리들에게 얼마나 귀한 존재인가.

우리 '108산사순례'의 목적은 여러 가지가 있지만 세상에 살아있는 모든 생명들에 대한 경애敬愛심을 가지는 것도 그 중 하나이다. 산에 있는 풀포기 하나, 새 한 마리, 작은 곤충 한 마리라도 우리는 산사 순례를 하는 동안 죽여서는 안 된다. 그것이 바로 생명을 사랑하는 마음의 원천이다. 생명을 귀하게 여기는 마음, 그들을 내 자식처럼 아끼는 마음, 자연을 사랑하는 마음이 우리 '108산사순례' 회원들의 마음이다. 이를 배우기 위해 우리는 한 달에 한 번씩 집을 나와 먼 길을 순례하고 있음을 깨달아야 한다.

요즘 가장 큰 문제가 되는 것은 생명경시사상이다. 가축들의 살처분은 어쩔 수 없다고 하더라도 천안함 폭침과 연평도 폭격으로 인해 희생된 꽃다운 장병들의 영혼은 어떻게 할 것인가? 천금의 재산도 금으로 만든 궁전 같은 집도 명예도 죽음 앞에서는 아무런 필요가 없다. 이 세상에서 가장 귀중한 것은 생명이다.

넓게 보면 우리 '108산사순례'의 가장 궁극적인 목표는 '사랑'이다. 국군장병을 사랑하고, 이웃을 사랑하고 지구촌을 사랑하는 마음에서 모든 것이 우러나온다. 사랑과 희생정신이 진실로 동반되지 않고서는 결코 '순례정신'도 이어지지 않는다. 우리는 이를 명심해야 한다.

순례는 보시 실천하며
업장소멸하는 불사

연일 한파寒波가 강하게 몰아쳤다. 산가山家에 내린 폭설이 며칠째 녹지 않아 드문드문 쌓여 있고, 산비둘기 한 마리가 눈밭 햇빛에서 졸다가 인기척에 놀라 비상한다. 예나 지금이나 산가의 겨울나기는 매우 힘들다. 동물들도 먹이를 구하지 못해 산중을 헤매고 절을 찾는 기도객의 수도 확연히 줄어든다. 옛 선사들이 '더우면 더운 대로 추우면 추운 대로 살면 된다'고 말씀했듯이 한파를 이기는 것도 하나의 수행이다.

지금 사회는 매우 깊은 혼란에 빠져 있다. 엎친 데 덮친 격으로 구제역과 조류인플루엔자로 인해 엄청난 가축들이 살殺처분되고 있다. 동물들의 수난이 끊이지 않고 있는 것이다. 동물학자들은 동물들이 항상 질병에 노출되어 있어 가축들의 집단사육은 많은 문제점을 야기시킨다고 한다. 이것이 집단폐사의 직접적인 원인이 되는 것이다.

불교적 관점에서 보면, 가축들의 희생은 인간의 욕심과 이기심이 만들어 낸 결과로밖에 볼 수 없다. 인간은 의학의 발달에 의해 질병을 스스로 예방하고 치료할 수 있는 힘을 가지고 있으나 동물들은 그렇지가 못하다. 집단사육은 질병이 일어나면 집단적으로 걸리는 치명적인 약점을 가지고 있다. 전국에서 호남을 제외한 전全 지역이 구제역에 걸린 것도 이 때문이다.

구제역은 한 마리의 돼지가 수천만 마리를 감염시킬 수 있는 무서운 질병이다. 한마디로 가축들에게는 공포의 질병이다. 그러나 깊게 살펴보면 이는 '인재人災'이며 인간의 이기심이 만든 결과이다. 이 세상은 인간만이 살고 있는 게 아니다. 눈에 보이지 않는 미생물부터 인간에 이르기까지 수많은 생명들이 삶을 영위하고 있다. 그래서 부처님께서는 '모든 중생을 부모님같이 섬기라'고 하셨다. 실상은 그렇지가 못하다. 인간은 모든 만물의 제왕帝王처럼 군림하며 동식물과 자연환경 등을 멋대로 파괴하고 있으며 알게 모르게 수많은 업業을 짓고 있다.

언젠가는 이 업業들이 지은 대로 반드시 자신에게로 되돌아온

다는 사실을 명심하지 않으면 안 된다. 부처님도 '정업定業이 난면難免이다'라고 하셨다. 정해진 업은 '부처님 자신도 면하기 어렵다'는 말씀이다. 하물며 우리 인간들이 저지르고 있는 이 엄청난 살생의 업을 어찌하랴! 국토가 피로 물들어 가고 있고 곳곳마다 죽음의 냄새가 진동하고 있다. 이때 우리는 이 슬픔을 어떻게 진정할 수 있을 것인가.

우리가 '108산사순례'를 다니는 이유도 전생과 현생에 지은 업과 이미 정해진 업을 면하고 좋은 업을 닦아 내면內面의 어지러움을 지우고 마음의 순정純情을 구하기 위해서이다. 업은 한순간에 지워지는 게 아니다. 끊임없이 마음을 비우고, 닦고 좋은 복을 지어야만 비로소 우리가 가진 업장業障을 녹일 수가 있다. 한갓 우리의 삶은 '업의 놀음'에 지나지 않으며 이 '업의 놀음'에 이끌려 자신도 모르게 살생을 하거나 죄를 짓고 있음을 명심해야 한다. 순례는 이러한 업연業緣으로부터 벗어나기 위한 하나의 수행이다.

우리가 '108산사순례'에 나서 가축들의 영가靈駕를 달래거나 천도재를 하는 것도 단순한 '불전佛田'이 아니라 자신이 지닌 정업을 지우는 일이다. 일찍이 부처님은 선행의 크고 작음을 따지지 않으셨다. 부처님의 '복밭[佛田]'은 아무리 작은 선행善行의 씨앗일지라도 그 작은 씨앗은 결코 작은 것이 아니며 그 씨앗이 나중에 잎을 틔우고 그것이 자라 수많은 복의 씨앗을 뿌린다는 것을 일러 주셨다.

따라서 '108산사순례'는 회원 개개인에게는 보시생활의 실천이며 엄청난 불사佛事라 할 수 있다. 나아가 '108산사순례기도회'는 108염주를 꿰고 잃어버린 마음을 찾는 크나큰 불사에 앞장선 신행단체라 할 수 있다. 원래 개인의 힘은 미약하다. 하지만 우리 6천여 명의 회원들이 내는 십시일반의 보시는 이웃을 돕고 사회를 정의롭게 만들며, 이 세상 아름다움의 원천源泉이 된다.

누구나 사람에게는 힘든 때가 있기 마련이다. 그러나 항상 보시를 실천하고 남을 위해 베푸는 사람에게는 그런 절망의 때를 능히 이기는 힘을 부처님께서 주신다. 이것이 불교이며 우리가 '산사 순례'를 떠나는 궁극적인 목표이다.

순례, 번뇌 버리고
깨달음 구하는 방편

'108산사순례기도회'는 구제역으로 인해 신묘년 첫 순례의 문門을 아직도 열지 못하고 있다. 하지만 우리 회원들은 이미 마음의 문을 활짝 열고 다가오는 순례를 기다리고 있을 것이다. 인간의 목숨은 기껏해야 채 백 년도 살지 못하지만 생각해 보면 어차피 생이란 끝없는 순례와 같다. 누구에게든 한 해를 시작하는 의미는 각별하다. 지금쯤 우리는 이 한 해를 또 어떻게 보내야 할 것인가를 진지하게 생각할 때이다.

순례 중에 만나는 고찰古刹과 문화재들은 비와 눈보라와 같은 풍상風霜 속에서도 모두 천년을 지탱하여 온 것들이다. 고려대장경이나 경주의 다보탑처럼, 이미 그것들은 우리의 생보다 훨씬 오랜 세월을 지키며 묵묵히 고난과 역경을 인내하며 '천년의 지혜'를 스스로 지니고 있다. 그러므로 우리는 순례를 하면서 인간의 질투와 욕심을 버리고 그 '천년의 지혜'를 배워야 한다.

일찍이 부처님은 "모든 중생은 불성佛性을 지니고 있다一切重生悉有佛性"고 하셨다. 여기에서 불성이란 물질이 아닌 생명 그 자체를 뜻한다. 모든 중생이 불성을 가지고 있다는 것은 생명을 가지고 있다는 것과 같으며 나와 중생은 나누어진 것이 아닌 모두 하나로 연결되어 있다는 말이다. 그러므로 이 우주는 하나의 생명이며 모두가 자비와 너그러움을 가진 부처의 본성인 불성을 지니고 있다. 우리가 산사 순례를 나서는 것은 탐진치 삼독三毒을 버리고, 이 잃어버린 불성佛性을 되찾기 위해서이다. 우리는 지난 52차례의 산사 순례를 통해 참으로 많은 것들을 버리고 또 버리는 법을 배웠다. 산사 순례를 통해 마음속에 든 번민과 분노, 그리고 어리석음을 버리고 남은 빈 그릇에 이젠 무엇을 채울 것인가를 생각해야 할 때이다.

그 빈 그릇을 그냥 있는 그대로 남겨 두어도 좋고, 때로는 이웃을 사랑하고 가난한 이를 돕는 자비심으로 채워도 좋으며 혹은 가족을 사랑하는 마음의 그릇으로 채워도 좋다. 그것은 모두 각자의 몫이다. 분명한 것은, 그 기나긴 순례 동안 적어도 내 마음속에 자비의 그릇 하나쯤을 비워 두었다는 점이다. 이젠 그곳에 '사랑과 기쁨'을 담아야 한다. 사랑과 기쁨은 남을 위해 베푸는 마음이 없다면 결코 느낄 수 없다. 남은 절반의 순례는 그것을 위한 것이다. 108염주가 손에 쥐어지는 순간 우리는 무한한 자비심과 사랑과 기쁨을 맛볼 수 있을지도 모른다.

인간은 탄생하는 순간, 죽음을 향해 순례한다. 부처님이 생로병사의 해탈을 위해 성불하셨듯이 우리가 산사순례를 하는 이유도 성불에 있음을 자각해야 한다. 이 속에서 배우고 깨닫고 자각하고 느끼고 하는 과정이 생의 순례인 것처럼, 우리가 오늘 이 자리에서 어디론가 순례를 떠나는 것은 번뇌로부터 해탈하기 위해서이다.

돌이켜 보면 누구나 지나온 생에 대해서는 막연하게 허무감을 느낀다. 그러나 그때는 이미 늦다. 적어도 우리는 자신의 생을 돌이켜 볼 때, 그런 후회를 하는 사람이 되어서는 안 된다. 여기에 우리가 순례를 하는 이유가 있다.

옛 고승들은 '한평생을 돌이켜 보면 모두 꿈이고 허깨비'라고 했다. 그러나 우리 현대를 살아가는 사람들은 이러한 것을 깨닫기에는 너무 현실이 가파르고 힘들다. 중요한 건 그런 꿈과 허깨비에 지나지 않는 생에 대해 너무 많은 집착을 하지 말라는 것이다. 이를 알게 되면 모든 것을 손에서 놓아 버릴 수 있으며 모든 번뇌로부터 해방될 수 있다. 즉 방하착方下着이 성불의 지름길이다.

　우리가 산사 순례에 가서 기도를 하고 부처님 전殿에 공양을 올리는 것도 어쩌면 모든 것을 손에서 놓기 위함이다. 욕심과 번뇌를 놓아 버리고 진심으로 부처님께 공양을 올리는 그 마음을 지닐 때만이 어느 날 가피를 얻게 될 것이며, 또한 마음속에 자비로운 마음을 얻게 될 것이다. 구하려고 하면 달아나는 것이 곧 부처님의 마음임을 우리 모두는 자각自覺해야 한다.

순례, 번뇌 버리고 깨달음 구하는 방편

세속에 찌든 심신
청정하게 하는 수행

햇살이 따사롭다. 기나긴 겨울 안거安居를 끝내고 바랑을 들고 선객禪客들이 산문山門을 나서는 길 위, 아지랑이가 연신 피어오른다. 겨우내 얼어 있던 계곡에도 물이 흐르고 까치가 연신 나뭇잎을 쪼아 대는 소리를 듣고 보니 벌써 봄이 오기는 왔는가 보다. 사람들의 옷차림도 풀리고 산객山客들의 미소에도 봄은 가득 담겨 있다.

지난겨울은 참으로 지독한 혹한酷寒이었다. 그래서 그런지 더디 온 봄소식이 너무나 반갑다. 이상화 시인의 '빼앗긴 들에도 봄은 오는가'처럼 세상사 모든 것은 순리를 거역할 수 없다. 겨울이 지나면 따뜻한 봄이 오는 것이 자연의 이치이다. 이 같은 진리를 인간은 결코 거부할 수 없다. 인간의 생사生死 역시 그렇다.

  불교가 가진 힘은 '있는 그대로' 세상을 바라보는 것에 있다. 여기에는 그 어떤 가감加減도 용서하지 않는다. 부처님이 우리에게 가르친 진리도 '있으면 있는 대로 없으면 없는 대로 세상을 열심히 사는 것'에 있다. 즉 현재의 나를 인정하고 보다 열심히 사는 것이 곧 '불교적 삶'이다. 타인을 사랑하고 용서하고 나를 사랑하고 끝없이 자신을 용서하는 것이 곧 부처님의 자비정신이다. 그 속에서 행복의 씨앗이 싹트기 시작한다.

  순례의 정신도 그와 같다. 우리가 행복만을 찾기 위해서 순례를 나서는 것은 결코 아니다. 물론, 넓게 보면 삶 그 자체가 순례인 것만은 분명하다. 그러나 우리가 심산深山의 사찰을 순례하는 것은, 바쁜 일상 속에서 잃어버린 마음을 되찾고, 그 속에서 나를 찾아 그동안 자신을 짓눌러 왔던 삶의 무게를 조금이라도 덜어내기 위함이다.

  처처處處가 모두 도량인 산속, 모든 시름들을 나뭇가지마다 걸어 두고 온다면 얼마나 마음이 여유로워지겠는가. 이것이 바로 순례이며 여행인 것이다. 그뿐만 아니라 산사순례는 생활에 찌든 자신의 몸과 마음을 한없이 청정淸淨하게 만든다. 모든 욕심과 분노, 어리석음을 벗은 청정한 몸과 마음을 가진 중생이 곧 부처이다.

그러므로 우리가 순례를 나서는 순간, 우리는 곧 부처가 되는 것이다. 단 하루 동안만이라도 부처가 될 수 있다면 이보다 더 큰 기쁨이 어디 있겠는가. 몸과 마음을 깨끗하게 비우고 기도를 하며 오늘 하루 조용하게 나를 돌이켜 본다면, 이보다 더 좋은 일은 없다. 만일, 우리가 청정하게 산다면, 세상사 머리 아플 일 하나 없고 번뇌에 휘둘릴 필요가 없을 것이다. 자기 자신을 제대로 다스리는 것이 곧 부처가 되는 지름길이다.

내가 어디를 가든지 그림자는 나를 놓치는 법이 없는 것처럼 누구든지 선악善惡이 따라다니기 마련이다. 이 선악을 분별하는 능력을 기르는 일은 매우 중요하다. 그렇기 때문에 우리가 순례를 가서 기도를 하고 부처님께 공양을 올린다. 이는 자기가 가진 선악 중에서 선을 따르고 악을 버리는 법을 배우기 위해서이다.

일반적으로 악惡은 달콤하고 선善은 쓰다. 불교를 알게 되면 자비를 통해 선이 얼마나 달콤한 것인지를 알게 되고 순례를 통해 '자비와 베풂'을 알게 되면 선의 가치를 터득하게 된다. 이 같은 믿음을 반드시 가지고 있어야 한다. 부처님께 공양을 하고 불법승佛法僧 삼보를 실천한다면 성불을 할 수 있고 가피를 얻을 수 있다는 강한 믿음이 있어야 한다는 말이다. 이 같은 강한 믿음이 없다면 108염주를 결코 꿸 수도 없다. 108염주를 만들어 가는 것은 곧 '자기극락'을 만드는 일이기 때문이다.

『화엄경』 현수품에 보면 '信爲道源功德母 長養一切諸善根 신위도원공덕모 장양일체제선근'이라는 구절이 있다. 이는 긍정하는 마음과 참회의 뜻이 담겨 있다. '믿음은 도의 원천이고 모든 공덕의 어머니이며 온갖 선업의 뿌리를 길러 낸다'는 뜻이다. 믿음이 없으면 산사 순례의 의미도 없다는 뜻이다. 믿음이란 곧 긍정의 마음을 뜻하며 이것이 곧 불성이고 무량광 무량수의 아미타불이다. 이런 믿음과 긍정의 마음을 가지고 우리는 남은 '108산사순례'를 반드시 회향해야 한다.

보현보살 10대행원 지침으로 결사 동참도

인간의 삶을 두고 세인世人들은 곧잘 길에 비유한다. 길 위에는 수많은 고난과 고통들이 도사리고 있고 때로는 향기가 가득한 길도 있다. 그렇듯 인생은 고통만 있는 게 아니라 행복도 있다. 이것이 인간의 삶이고 인생이다. 지금 자신이 힘들다고 해서 미래를 포기해서도 안 되며 지금 자신이 행복하다고 해서 안위安慰해서도 안 된다. 항상 부처님의 마음과 미소로서 세상을 겸손하게 산다면 자신에게 주어진 삶에 대한 행복을 느낄 수 있을 것이다.

얼마 전 이름을 밝히지 않는 한 불자로부터 '108산사순례 환영발원문'을 받았다. 지극 정성이 담긴 그 편지에는 '108산사순례 불자님들이 가시는 곳마다 향풍香風이 불어 불법佛法 향기가 가득하여 악심은 흔적 없이 녹여 버리고 발보리심하여 영원히 꺼지지 않는 마음의 등불 밝혀 영원히 시들지 않는 법련화法蓮花 피우며 영원히 향기가 나는 향을 피우기를 발원합니다'라는 내용이 담겨 있었다. 참으로 고맙고 고마우신 말씀이셨다.

만약 우리 108산사순례 회원들 모두가 이와 같은 마음을 지니고 있다면, 비록 우리 앞에 크나큰 고통과 고난이 있더라도 능히 108산사순례를 회향하고도 남음이 있을 것이다. 한 불자님의 가슴 뭉클한 발원문은 비단 그 분만의 뜻이 아닐 것이다. 이것은 우리 회원들 모두의 마음속에 담긴 간절한 발원임이 틀림없다.

지난 제53차 안성 칠장사 순례는 구제역으로 인해 두 번의 연기 끝에 이루어진 것이고 올해 들어 첫 순례여서 그 의미가 남달랐다. 법회 중 이틀간 일심광명 일원상一圓相 무지개가 하늘에 펼쳐져 올해 순례의 서두를 장식해 주었다.

선덕여왕 때 자장율사가 창건한 칠장사는 국보 · 보물 · 지방문화재 13점이 있는 전통사찰로서 고려 초 혜소慧炤국사가 머물면서 홍제관弘濟館을 짓고 수도처로 삼은 곳으로 오늘날 기도 발원지로 유명하다. 어느 날 7명의 악인惡人이 청해국사의 신묘한 도력에 이끌려 설법을 청했다가 국사가 오히려 이들을 교화 득도의 경지에 이르게 하여 일곱 현인賢人이 탄생하였다고 한다. 그 뒤 산 이름을 칠현산七賢山이라고 고쳐 부르고 칠장사漆長寺를 칠장사七長寺로 개칭했다고 전해지고 있다.

칠장사의 유래는 이것뿐만이 아니다. 국보인 '5불회 괘불탱화'와 보물인 '3불회 괘불탱화'가 칠장사에 있게 된 것도 조선왕조의 찬탈과정의 소산所産이다. 조선 인조 1년 서인西人 일파가 광해군 및 대북파大北派를 몰아내고 능양군을 왕으로 옹립한 인조반정 뒤 인목대비가 억울하게 죽은 친정아버지와 아들 영창대군을 위해 원찰을 삼은 곳이기 때문이다. 이때 하사하신 것이 바로 '5불회 괘불탱화'이다. 회원들은 이 전통문화가 서린 이곳에서 법회를 하며 올 한 해의 서원과 안녕을 빌었다.

법회 중에 칠장사 주지 스님과 더불어 산사순례기도회는 '민족문화수호 5대 결사 동참발원문'을 결의했다. 선조들이 물려준 아름다운 민족문화를 수호하는 데 앞장서고 '수행결사, 문화결사, 생명결사, 나눔결사, 평화결사'를 펴 부처님의 정법을 수호하고 널리 펴는 데 동참했다. 이것은 사회통합을 향한 108산사순례 회원들의 의미 깊은 결의였다.

원래부터 산사순례 회원들은 '바른 마음 · 자비 실천 · 아름다운 세상'이라는 슬로건을 내걸고 '화엄경 보현행원품'에 나오는 '보현보살 10대 행원'을 생활화하는 실천지침을 가지고 있었다. 이 실천지침을 마음속에 담고 부처님의 가르침을 법法 삼아 우리 회원들은 매일 스스로의 생활을 점검하고 실천 여부를 참회한다. 그 때문에 자연스럽게 이번 '민족문화수호 5대 결사'도 동참할 수 있을 것이라는 생각이 든다.

인간 본연本然의 심성心性은 본디 맑다. 그러나 세상을 살면서 그 속에 탐진치 삼독三毒이 들면 심성은 탁해진다. 우리는 진흙 속에서 향기로운 연꽃이 피어나듯이 그 본디 맑은 인간의 심성을 되찾기 위해 매달 산사 순례를 나선다. 올 한 해도 산사 순례가 아무런 탈 없이 순조롭게 회향될 수 있기를 부처님께 기도드린다.

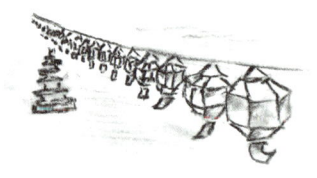

초코파이 200만 개 보시 등 성과 '감동'

'춘래불사춘春來不似春' 봄이 왔는데도 봄이 온 것 같지 않은 것은 무슨 까닭일까? 일본 열도의 지진, 쓰나미, 원자력발전소의 폭발 등 대재앙 때문에 우리나라는 물론, 전 세계가 경악하고 있다. 대자연의 힘 앞에서 인간은 이렇게 한없이 무기력한 것일까? 그러나 참혹한 피해 속에서도 일본인들은 너무나 신기할 정도로 침착하다.

죽음의 공포 속에서도 조금도 흔들리지 않고 나보다 남을 먼저 생각하는 그들의 강한 희생정신이 그저 놀라울 뿐이다. 일본인들의 이러한 정신세계의 뒷면에는, 오랫동안 불교의 자비사상과 부처님의 법을 생활화하는 것이 몸에 배어 있기 때문이다. 우리 '108산사순례기도회'는 그들이 대재난을 극복, 상처와 아픔을 빨리 치유하게 되기를 간절히 빈다.

지난 3월 제54차 '108산사순례' 법회를 한국불교의 성지, 서울 강남 수도산 봉은사에서 가졌다. 전국의 9개 법등法燈에서 새벽차를 타고 올라온 회원들은 향기로운 봄바람을 맡으며 오랜만에 서울 도심 속의 법향法香을 마음껏 즐겼다. 더욱이 이번 법회는 '108산사순례' 회향 중의 반 순례여서 그 의미가 매우 깊어 남은 순례를 무사히 회향할 수 있도록 기원하며 여러 가지 행사를 곁들였다.

그중 하나는 장병들에게 간식으로 전해 준 '초코파이 200백만 개 돌파와 농촌다문화가정 인연 맺기 일백 쌍 돌파 기념식'이다. 어쩌면 이것은 우리 회원 모두가 비가 오나 눈이 오나 빠짐없이 순례에 나서면서 이루어진 아름다운 산물産物이라 할 수 있다.

이날 초코파이 행사에는 오리온제과 최재필 부사장이 직접 봉은사 순례에 참석, 그동안의 아름다운 선행에 대해 감사의 뜻을 전하기도 했다. 그는 "초코파이가 단순히 감사의 의미를 넘어 아들을 사랑하는 어머니의 마음이 느껴지는 위문편지처럼 따스한 힘을 전해 준다는 선묵 혜자 스님의 말씀에 기업인으로 자부심을 느낀다"고 말하고 '108산사순례기도회'에 감사패를 전하기도 했다.

군종교구장 자광 스님은 "108산사기도회 여러분 정말 장하고 장합니다! 이 초코파이가 무엇에 쓰이는 물건인고 하니 우리 장병들에게 최고의 에너지를 주는 아주 귀중한 간식이며 우리 젊은 이들에게 힘의 원천이 되는 것입니다. 저는 오늘 선묵 혜자 스님과 기도회 회원들에게 진심으로 감사를 드립니다. 앞으로도 장병들에게 초코파이를 전해 우리 군인들이 나라를 지키는 데 큰 힘을 실어 주시기를 바랍니다"며 특유의 구수한 법문을 하시며 초코파이 보시의 의미를 부여했다.

또한 봉은사 주지 진화 스님은 "선묵 혜자 스님이 부처님의 진신 사리함을 모시고 봉은사 일주문에 들어서는 순간 '108산사순례기도회'를 맞이하는 봉은사 사부대중은 매우 기뻤습니다. 처음 도선사에서 2006년 9월 '108산사순례기도회'가 결성되고 입재했을 때, 사실 전국의 모든 스님들은 '할 수 있을까?' 하고 반신반의를 했습니다. 그때 나 또한 그렇게 생각했습니다. 그러나 선묵 혜자 스님의 원력으로 1차, 10차, 30차가 지나고부터 나는 물론, 전국의 모든 스님들도 선묵 혜자 스님의 원력과 회원들의 기도의 힘이 얼마나 대단한가를 진실로 알게 되었습니다. 그리고 오늘 그 현장을 제 눈으로 직접 확인하게 되었습니다. 놀라운 것은 5천여 명에 이르는 산사순례 회원들이 질서정연하게 사경을 하고 기도를 하는 신심 깊은 모습들을 보고 저는 참으로 감동하지 않

초코파이 200만 개 보시 등 성과 '감동'

을 수 없었습니다. 가히 '한국불교 포교문화의 신 패러다임'으로 주목받을 수밖에 없다는 생각이 들었습니다"고 말씀하셨다.

이날 봉은사 마당에는 회원들에 의해 연꽃이 활짝 피어났다. 특히 은사 청담대종사의 체취가 남아 있는 봉은사에서 반 순례를 회향하게 된 것에 대해 매우 기뻤다. 우리는 이제 힘든 정상에서 산 아래로 내려가는 시점에 있다. 그럴수록 더욱 신심을 내어 남은 5년간의 대장정을 무사히 회향할 수 있도록 힘을 모아야 한다. 그래야만 우리의 목적인 '108 산사 찾아 108배 하며 108 번뇌 소멸하고 108염주를 만들어 가는 인연공덕'을 제대로 쌓을 수가 있을 것이다.

고통받는 일본에
따뜻한 격려 필요한 때

　며칠 전, 길을 지나다가 보니 도심의 어느 치과 건물 위에 '힘내세요. 일본!'이라는 플래카드가 걸려 있었다. 나는 그것을 읽고 잠시 묵상默想에 빠졌다가 마음이 미어지듯 아파 왔다. 수천 명이 죽고 수만 명이 생사를 알 수 없는 대참사를 겪은 그들에게 한국인이 던지는 이 메시지에는 따뜻한 정이 담겨 있었다. 한국에게 이 지구 상에서 가장 가깝고도 먼 나라의 이미지가 더 강했던 일본, 그러나 지금은 그들이 당한 시련 앞에 한국인들의 마음도 조용히 움직이고 있었다.
　내가 오늘 '108산사순례이야기'를 접어 두고 일본인과 일본의 대재앙에 대해 이야기하고자 하는 것은 지진과 쓰나미로 인해 엄청난 고통을 겪고, 심지어 숱한 죽음 앞에서도 오히려 산 자들을 더 걱정하고, 슬픔을 있는 그대로 받아들이는 그들의 삶의 태도에 대해 적지 않게 놀랐기 때문이다. 그들이 대재앙의 극한 앞에서도 이토록 침착할 수 있었던 이유는 무엇일까? 일본은 백제로부터 불교가 전파된 이래, 지금까지 부처님의 사상을 배우고 실천하는 대표적인 불교국가이다. 그래서 그들은 부처님의 법을 몸에 익힌 채로 오랜 세월 동안 불교적 삶을 이어 왔다.

　일본인 학자는 이를 두고 "일본인은 이미 오래전부터 몸을 자연에 순응順應하며 살아온 유전자가 있기 때문에 대자연의 재앙 앞에서 스스로 이겨 나갈 수 있는 의지를 지니고 있다"고 했다. 그러나 엄격하게 말하면 그 또한 불교적 삶의 태도이다. 그 한 예를 보자.

　한 호텔이 정전으로 인해 음식을 제공할 수 없어 우동 10그릇을 가져왔는데 너 나 할 것 없이 우동을 뒤로 돌려 양보를 했다고 한다. 마치 굶어 죽을 극한상황 앞에서 밥이 든 그릇이 있는데도 그 욕망을 참고 밥그릇을 뒤로 돌리는 행위는 불교의 수행자들이나 할 수 있는 행동이기 때문이다. 그럼, 일본인 모두가 수행자들일까? 그것은 아닐 것이다. 하지만 적어도 우리들의 눈에 비친 일본인들의 행동은 지극히 순리적이면서 단순했다. 그런데 그 작은 행동이 전 세계를 감동시켰던 것이다.

일찍이 석가모니 부처님이 하셨던 말씀 중의 가장 중요한 하나는 '남을 위해 자비를 베풀고, 남에게 해로운 일을 하지 말라'이다. 이보다 위대한 가르침은 더 이상 없다. 일본인들은 그러한 부처님의 말씀을 안으로 받아들이고 지금도 '남에게 절대 폐메이와쿠(민폐)를 끼치지 않는 교육'을 어린 시절부터 받게 한다. 또한 남을 돕는 것이 생활화되어 있으며 남을 위해 자신을 기꺼이 희생시킬 줄 안다. 이것이 곧 부처님의 자비사상이다.

일본인들은 이러한 정신적 토대를 오래전부터 불교성지 순례를 통해 키워 왔다. 성지 순례는 홍법대사弘法大師가 시작한 후 1,200여 년이 흐른 지금까지도 이어져 오고 있는데 그들이 성지 순례에서 배우고 익힌 것은 바로 부처님 사상이다. 때문에 대재앙이 스쳐 간 뒤 남편과 아내, 아이와 부모가 죽었는데도 슬픔을 그저 안으로만 삼킬 뿐 겉으로 드러내지 않고 죽음을 있는 그대로 담담하게 받아들인다. 심지어 타인을 걱정한다. 이 또한 불교정신의 영향이다. 대다수의 일본인들은 사후死後세계에 대해 심각하게 생각하지 않는다고 한다. 어차피 인간은 모두 죽으며 빨리 죽느냐 늦게 죽느냐에 있을 뿐, 생사가 둘이 아닌 하나라고 생각한다.

사랑하는 이가 죽으면 슬프지만 어쩔 수 없다고 그들은 생각한다. 이 또한 불교의 내세관이다. 이처럼 관습은 매우 무섭다. 일본인들이 가슴이 찢어지는 아픔 속에서도 놀라운 자비정신과 인내심을 발휘하고 있는 것은 생활 속에 흡입된 부처님의 법 때문이다. 그들은 참을 줄 알고, 남을 위해 자신을 버리는 법을 안다.

우리는 한 달에 한 번씩 '108산사순례'를 나선다. 단지 산사의 아름다운 경치를 보고 신선한 공기를 마시기 위해 가는 것은 아니다. 바쁜 삶의 속도를 늦추고 한 달에 한 번씩 떠나는 산사 순례는 자비심을 기르고 우리 몸속에 든 탐진치 삼독을 없애기 위해서다. 이제 우리 회원들도 반 순례를 지난 지금, 자비와 사랑이 저절로 겉으로 드러날 때이다. 시련에 빠진 그들에게 '힘내세요 일본' 하고 따뜻한 말을 전하자.

순례, 선근공덕 쌓아 부처 되는 길

수천 년 전부터 인류의 철학자와 종교학자들은 마음의 평안과 행복을 위해 다양한 수행방법들을 찾아 왔는데 이런 연유로 인해 탄생한 것이 갖가지의 종교다. 불교도 그중의 하나라고 할 수 있다.

불교를 언어학적으로 보면 불佛은 부처님을 뜻하고 교敎는 가르침을 뜻한다. 이를 풀이하면 부처님의 가르침이다. 그럼, 무엇이 부처님의 가르침일까? 부처님은 태자 때 동문에서 노인, 서문에서는 죽은 사람, 남문에서는 병든 사람, 북문에서는 수행인을 만났다. 즉, 부처님은 사문유관四門遊觀을 통해 인간의 생로병사를 보고 이를 타파하기 위해 출가 결심을 하고 마침내 설산에 가시 6년간의 수행 끝에 큰 깨달음을 얻으셨다. 오늘날 불교를 믿고 부처님의 가르침을 따르는 것은 마음의 행복을 구하기 위해서라고 할 수 있다.

그중에서도 가장 으뜸인 것은 부처님이 말씀하신 진리이다. 생사生死는 둘이 아닌 하나이며 세상의 모든 물질이 '색즉시공 공즉시색 부증불감 불구부정'의 원리 즉, '모든 유형의 사물은 공허한 것이며 공허한 것은 유형의 사물과 다르지 않으며 더럽거나 깨끗한 구분도 없으며 늘지도 줄지도 않는다'는 것이다. 그뿐만 아니라 과거 현재 미래, 삼세三世로 이어짐으로써 우리 인간의 모든 행行은 업이 되어 '이것이 있으므로 저것이 있다'라는 인과응보의 이치를 깨닫게 하셨다.

이를 볼 때, 신을 믿는 타 종교와는 확연히 그 탄생의 비밀이 근본적으로 다르다고 할 수 있다. 타 종교는 인간과 자연의 탄생이 모두 신의 조화에 의해 좌지우지된다는 상상도 할 수 없는 허구성을 그 바탕으로 하고 있지만 불교는 인간이 만든 종교라는 점에서 그 차원이 다르다고 할 수 있다.

석가모니 부처님은 인간으로서 이 사바세계에 태어나 우리 인간들의 고통을 직접 느껴 보시고 그 고통의 해결 방법을 실질적으로 제시하신 분이시다. 이 같은 분을 믿고 따르고 실천 수행하는 것이 불교이며 이것이 바로 불교의 우수성이라 할 수 있다.

그럼, 본론으로 들어가서 '불교성지순례'란 무엇인가. 2500여 년 전 우리들에게 위대한 가르침을 전해 주신 부처님 계신 곳을 돌아보고 참배하여 부처님의 진리를 가슴속에 새겨 담아 오는 것을 말한다. 부처님 가르침의 핵심은 다른 데에 있지 않다. 순례는 우리가 마음속에 가진 괴롭고 즐거운 것 등을 해결하기 위해 떠나는 일종의 '불교여행'이라 할 수 있는데 그 가르침의 핵심은 말 그대로 부처님이 되는 길이다. 즉, 우리가 순례를 나서는 이유는 부처님이 걸어오신 그 길을 걷는 것이라 할 수 있다.

우리가 순례를 떠나는 마음속에는 불보살님이 서원하신 '만호중생을 다 건지겠다'는 간곡한 서원이 담겨 있다. 자신만이 부처가 되고자 하는 마음은 소승小乘에 지나지 않으며 모두가 함께 서원을 이루고자 하는 대승大乘적 마음을 지니는 것이 무엇보다 중요한데 결코 이기적인 마음으로서 순례에 나서서는 안 된다.

만약, 우리 순례기도회의 모든 회원들이 이러한 이기심을 뛰어넘어 이타적利他的 마음을 가진다면 '108산사순례'는 훨씬 더 발전할 수 있을 것이며 참된 부처님의 제자가 될 수 있을 것이다. 부처가 되기 위해서는 혼자 수행하는 것보다 많은 중생을 다 무여열반으로 제도하겠다는 마음을 가져야 하며 중도에서 이탈하지 않는 '불지견佛智見'을 갖추어야 한다.

그러므로 우리가 진심에서 우러나와 부처님 전에 공양을 하고 보시하는 그 마음을 버려서는 안 된다. 그래야만 불보살님의 서원인 모든 중생을 이롭게 할 수가 있으므로 늘 보현행원인 우리 회원들은 보리심菩提心을 가져야만 한다.

이제 '108산사순례'의 길을 단 한 사람도 이탈하지 않고 108염주를 꿰는 일만이 남았다. 순례는 보리심을 발휘, 선근공덕을 닦고 참회하여 비로소 청정한 비로자나 부처님과 하나가 되는 길이다.

공덕 쌓고 나를 돌아보는 뜻깊은 시간

완연한 봄이다. 아침 창窓을 열면, 싱싱한 풀꽃 냄새가 코를 찌른다. 산문에 몸을 담고 수행하며 살아온 지 어언 사십여 년, 새삼 이 봄이 내게 새롭게 다가오는 것은 어떤 연유일까? 계곡에 흐르는 물소리가 어제오늘 다르듯 세월은 찰나처럼 빠르게 흘러가는 것 같다.

'바른 마음 자비실천으로 아름다운 세상을 만들겠다'는 순수한 열정만을 지니고 나섰던 '108산사순례'도 어느덧 6년이라는 긴 세월이 흘렀다. 세상일은 그저 열정만으로 되지를 않는다. 거기에는 적당한 행운과 힘든 노력이 뒤따라야만 한다. 어디 그것뿐인

가. 부족한 것이 한두 개가 아니다. 우리 '산사순례기도회'가 무탈하게 반 순례를 회향할 수 있었던 것도 불보살님과 청담 스님의 가피 때문이다.

성찰이란 자신을 뒤돌아보고 참회하는 것이다. 세상사 하루하루 눈코 뜰 새 없이 살아가는 현대인들이 자신의 삶을 뒤돌아보는 시간을 갖기란 어렵다. 그러나 한 달에 한 번씩 산사 순례에 나와 참회의 시간을 갖고 지난 한 달간 '잘 살았는가 못 살았는가. 그럼, 어떻게 살 것인가?' 참회하고 자숙하는 시간을 가진다는 것은 참으로 좋은 일이지 않는가.

어디 그것뿐인가? 우리는 어쩌면 지금 이 순간 '이 세상에서 가장 아름다운 인연을 만들고 있으며, 가장 소중한 사람들을 만나고 있고 이 세상에서 가장 소중한 일'을 하고 있는지도 모른다. 세상의 불행과 행복은 남 탓이 아니라 반드시 자신의 행동으로부터 온다. 남을 대할 때는 부드럽고 진실한 마음으로 대하고 거짓과 사심을 버리고 겸손한 마음으로 복을 짓는다면 모든 가정에 행복과 부처님의 가피가 깃들 것이다.

우리는 '108산사순례'에서 한 달에 한 번씩 비록, 작은 보시를 행하고 있지만 장장 9년간이 지나면 그 공덕은 쌓이고 쌓여 엄청난 가피를 얻을 것이다. 저축이란 꼭 은행에만 하는 게 아니라 마음의 자비심을 구하고 그 공덕을 저축하는 것도 매우 중요하다.

복도 그와 같다. 평소 공덕을 저축하지 않은 사람이 복을 구하는 것도 어불성설이다. 이것이 있으므로 저것이 있는 것이다. 부처님의 인과법은 위대한 것이다. 살면서 자신이 지은 선악의 결과는 반드시 자신에게 돌아온다는 것을 알고 순간순간 그릇된 것이 없는지 자신을 잘 살펴보아야 한다. 이것이 바로 참회하는 마음이다.

기도는 어지러운 자신의 마음을 정리하고 새롭게 자신을 뒤돌아보는 성찰의 시간이다. 부처님 앞에서 108참회를 하는 기도의 순간은 진실로 즐거운 시간이다. 산사 순례에 오는 가장 큰 목적이 여기에 있다. 더불어 남과 함께 남을 위해 공덕을 베풀고 나를 위해 기도하는 시간을 갖는 아름다운 시간이다.

지혜로운 삶에 대해 부처님은 『법보장경』에서 '유리하다고 교만하지 말고 불리하다고 비굴하지 말고 쉽게 행동하지 말고 깊이 생각하여 이치가 명확할 때 과감히 행동하고 벙어리처럼 침묵하고 임금처럼 말하며 눈처럼 냉정하고 불처럼 뜨겁게 하라. 태산 같은 자부심을 갖고 쓰러진 풀처럼 자기를 낮추고 역경을 참아 이겨 내고 형편이 잘 풀릴 때를 조심하여 터지는 분노를 잘 다스려라'라고 말씀하셨다. 우리 회원들 모두는 부처님 말씀을 깊이 가슴에 새겼으면 한다.

순례를 나설때는 마음가짐을 단단히 해야 한다. 명심해야 할 것은 자연에 대한 존경심이다. 부처님이 이 지상에 존재하는 모든 것은 서로 밀접하게 연관되어 있다는 연기의 가르침을 주신 적이 있다. 자연과 우리는 둘이 아닌 하나이며 서로 의지하며 조화롭게 살아야 하는 존재이다. 순례 중 눈에 보이는 풀꽃 하나 나뭇가지 하나 내 몸처럼 귀중하게 여겨 자연을 아끼고 사랑하는 마음을 가지고 있어야 한다. 이것이 바로 '동체대비同體大悲'이다. 여기에서 타인을 위하고 나를 위하는 마음이 생긴다.

  타인과 자연의 존재를 망각해서는 안 된다. 먼 길을 나서고 돌아오는 마음의 끝에 즐거운 행복감을 모두 느꼈으면 한다.

순례, 사랑하는 부처님과 아름다운 동행

　제55차 가지산 석남사石南寺 순례에 나섰다. 첫날에는 감로의 꽃비가 내렸고 둘째, 셋째 날은 날씨가 맑고 화창했다. 올 들어 처음 남도南道로 가는 먼 길이었지만, 회원들의 얼굴은 저마다 봄빛처럼 화사했다. 한 달에 한 번씩 만나 서로가 서로에게 인사를 나누는 모습은 늘 정겹다. 그 속에 '108산사순례기도회'의 정情이 물씬 묻어나는 것 같다.

　석남사 일주문에 차가 닿자 삼삼오오 짝을 지어 석남사로 향하는 회원들의 발길이 경쾌하다. 일주문 앞에서 석남사에 이르는 곱게 뻗은 숲길이 감로의 꽃비에 젖어 풀꽃이 싱그럽다. 섭진교

涉眞橋 다리 위 산자락 아래 수줍게 핀 분홍빛 꽃을 보고 회원 중 누군가가 '아, 진달래다' 하고 짧은 탄성을 지었다. 모든 시선이 그쪽으로 향했다. 남도 외에는 아직 진달래가 꽃봉오리를 터트리지 않기 때문이리라. 아름다운 풍경이었다.

비가 내리는 날의 산사의 정취는 더욱 깊고 새롭다. 어떤 회원은 마치 소녀처럼 되돌아가 "비가 오는 날의 산사는 더 깊고 아늑하다. 다만 기도하기가 불편하지만 그래도 좋다"고 말하기도 했다. 길을 가다 보면 길만 있는 게 아니듯이 순례를 하다 보면, 그 지역의 아름다운 정취를 감상하는 것도 하나의 덤이다. 소녀처럼 진달래꽃이 핀 모습을 즐거워하고, 기억에 남는 사진을 찍는 것도 순례의 한 과정이다.

석남사는 도의국사가 창건한 절로서 1957년 인홍仁弘 스님께서 각 당우를 일신하여 현재에 이르렀으며 건물 동수가 모두 23동으로 국내외 가장 큰 규모의 비구니 종립 특별선원이다. 나는 이번 석남사 순례처럼 서너 시간씩 걸리는 먼 길을 순례할 때면, 버스 안에서 회원들이 법문을 들을 수 있도록 반드시 미리 녹음을 준비한다.

비록 짧은 하루지만, 소중한 사람들과 소중한 시간들을 그냥 내버리는 것이 아까워 '나를 찾는 법문'을 들려주기 위해서다. 어떤 때는 불자 가수인 머루 씨의 신나는 노래를 듣는 것도 매우 즐겁다. 그리고 남는 시간은 사경을 하게 한다.

　이번에 들려준 버스법문은 '나를 찾는 백팔 기도문' 중 33번째 구절이다. '남의 재물과 모든 생활을 엿보고 나의 것으로 만들기 위해 욕심을 부리지 않겠나이다'이다. 우리는 빈손으로 태어나 빈손으로 돌아간다. 죽을 때 입는 수의에는 주머니가 없다. 그런데도 불구하고 재물에 대한 욕심을 죽을 때까지 버리지 못한다. 그러나 이 세상은 이미 태어날 때부터 빈손이며 죽을 때 또한 빈손이다. 오직 가져가는 것은 자신이 지은 업뿐이다. 그러나 지금 우리가 하고 있는 '108선행'은 죽을 때에 반드시 가지고 간다. 산사 순례는 사랑하는 부처님과의 아름다운 동행이며 그 동행에 우리는 동참을 하고 있는 것이다. 지나간 시간은 다시 돌아오지 않는다. 그러므로 지금 기도하고 있는 이 순간은 참으로 소중한 시간인 것이다.

　불교입문서인 《초발심자경문初發心自警文》은 수행하는 출가 대중이 알고 지켜야 할 법규에 대한 책이다. 그곳에 보면 '삼 일 닦은 마음은 천년의 보배요 백 년 탐낸 재물은 하루아침의 티끌이다. 삼일수심천재보三日修心千載寶 백년탐물일조진百年貪物一朝塵'이라는 구절이 있다. 지금 우리가 9년 동안 닦는 '108 참회'와 '108선행'은 나중 천년의 보배가 될 것이다.

　석남사 주지 도수 스님의 법문은 회원들의 가슴을 적셨다. "네 종류의 사람이 있다. 어둠에서 어둠으로 가는 사람, 어둠에서 밝음으로 가는 사람, 밝음에서 어둠으로 가는 사람, 밝음에서 밝음으로 가는 사람. 여러분들은 어떤 종류의 사람인가. 이 중에서 어둠에서 밝음으로 가는 사람이거나 밝음에서 밝음으로 가는 사람이 되어야 한다. 산사순례 여러분은 '108선행'을 통해 분명히 밝음으로 가는 사람이다. 그러므로 반드시 '108염주'를 모두 꿰어 회향을 해야 한다"고 말씀하셨다.

그렇다. 우리 회원들은 이 네 종류의 사람들 중 어둠에서 밝음으로, 밝음에서 밝음으로 가는 사람들이 되어야 한다. 또한 그런 사람이 되기 위해 끊임없이 우리는 '108선행'을 베풀며 산사 순례를 나서고 있는 것이다.

《왕오천축국전》,
인연의 소중함 일깨우다

지난달 '108산사순례기도회'는 국립중앙박물관에서 열린 '세계문명전 실크로드와 둔황전'을 관람했다. 신라의 혜초 스님께서 1300여 년 전 고대 인도의 '오천축국五天竺國'을 4년 동안 답사한 뒤 쓴 성보聖寶《왕오천축국전》을 관람하기 위해서이다.

1908년 프랑스의 동양학자 P. 펠리오가 중국 북서 지방 간쑤성甘肅省의 둔황敦煌 천불동 석불에서 발견하였으며 중국의 나옥진羅玉振이 출판하여 세상에 알려졌는데 당시 인도 및 서역西域 각국의 종교와 풍속·문화 등에 관한 기록이 실려 있다.

'벌써 불타佛陀의 유적은 황폐하여 기울어져 가고 있었으며 사원은 있으나 승려가 없는 곳이 있는가 하면 어느 큰 사원에는 승려가 3천여 명이나 있어서 공양미가 매일 15석이나 소요되어 유지하기가 어렵게 된 곳도 있었다. 또한 대·소승大小乘이 구행俱行하고 있었으나 곳에 따라 대승과 소승만 행하는 곳도 있으며, 북방에는 사원과 승려 및 신자가 많아서 조사설재造寺設齋할 때에는 아내와 코끼리까지 사시捨施하는 독신자篤信者도 있었다. 나체 생활의 풍속, 가봉뇌옥枷棒牢獄은 없고 벌전罰錢만 있는 법률, 장醬은 없고 소금만 있으며, 여러 형제가 아내 한 사람으로 같이 사는 것, 살생하지 않는 것, 흙 솥에 밥을 짓는다' 등이다.

8세기 초에 쓴《왕오천축국전》은 13세기 후반 마르코 폴로의 《동방견문록》, 14세기 초반 오도록의 《동유기》, 그리고 14세기 중반의《이븐 바투타 여행기》등 4대 견문록 중 가장 오래된 것이다. 이 책은 실로 세계불교역사 연구에 엄청난 공을 세웠다.

나는 이 역사적인 책을 '108산사순례기도회'와 함께 보기 위해 국립중앙박물관을 찾았던 것이다. 이번 기회를 놓치게 되면 한국 불자들은 영원히 성보聖寶를 다시는 친견할 수 없을지도 모른다는 조급증이 일었기 때문인데 회원들은《왕오천축국전》과《일체경음의》등을 둘러보고 큰 감동을 받았다.《일체경음의》는《왕오천축국전》이 신라의 혜초 스님이 쓴 책임을 밝혔으며 이를 찾는 데 큰 역할을 한 책이다.

불가佛家에는 '옷깃만 스쳐도 인연이다'라는 속담이 있다. 매우 의미심장한 말인데도 불구하고 사람들은 그저 웃어넘기거나 대수롭지 않게 생각하는 경향이 있다. 사실, 이보다 더 소중하고 중요한 말은 이 세상에 없다.

우리는 눈만 뜨면 새로운 인연을 만나고 또 그 인연을 알게 모르게 만든다. 아내와 남편 그리고 아이들조차 모두 인연으로 만난 사람들이다. 이 세상은 결코 인연 없이는 그 누구도 만날 수 없으며 혼자서 살 수도 없다. 그래서 부처님은 생명이 있는 모든 존재는 '동업중생同業衆生'이라고 하셨던 것이다.

'인因과 연緣을 아는 사람은 법法을 보게 되고 법을 보는 자는 나인 불성佛性을 보게 된다'는 경구도 인연을 선하게 엮는 지혜가 곧 좋은 인연을 만나는 지름길임을 알게 하는 경구이다. 자신 앞에 온 인연을 소중하게 생각하지 않은 사람은 결코 성공할 수 없다. 우리 '108산사순례' 회원들은 이러한 인연 때문에 한 달에 한 번씩 성보를 관람하게 되는 기회를 갖는다는 것을 잊어서는 안 된다.

우리가 혜초 스님의 《왕오천축국전》을 친견하게 된 것도 '108산사순례기도회'라는 인연 때문이다. 우리는 살면서 뜻밖의 많은 일들을 겪지만 그 인연은 자신이 만든 결과물이다. 선한 인연은 선업善業의 결과이며 악연은 악업惡業의 결과이다. 이를 항상 가슴속에 새기고 선업을 쌓아야만 한다.

　우리 '108산사순례기도회'는 소중한 인연으로 만난 사람들이다. 스님과 회원들, 그리고 심지어 성지 순례를 나서는 사찰, 그곳에서 만난 대중들 또한 모두 좋은 인연으로 만났다. 인연 없이는 결코 이 사바세계에서 우리는 만나지 못했을 것이다. 인연은 자신의 힘으로서는 어찌할 수 없다. 그러나 그 인연을 바꿀 힘은 자신에게 있다. 우리가 한 달에 한 번씩 부처님을 친견하고 열심히 기도한다면 항상 좋은 인연을 맺게 될 것이다.

오로지 진리 등불 삼아
의지하는 봉축 맞이

산사는 물론, 거리마다 오색찬란한 꽃 연등이 물결을 이루고 있다. 부처님께서는 이 따뜻한 5월 봄날에 오셨으니 이 또한 축복이다. 초파일을 준비하는 불자들이나 스님들도 덜 고생스럽기 때문이다. 해마다 돌아오는 부처님오신날이지만, 늘 이때가 되면 스님들과 불자들은 한없이 마음이 즐거워진다. 이른 아침 신문을 장식한 조계사의 11명 동자승들의 천진무구한 얼굴을 보자 미소가 절로 일어난다. 그들 모두가 부처님이다. 부처님은 어떻게 이 땅에 오셨을까?

마야부인은 어느 날 태몽을 꾸었다. 차가운 겨울이 지나고 푸

릇한 봄빛이 찾아왔을 때, 눈이 부시도록 하얀 코끼리가 자신의 배 속으로 들어오는 꿈을 꾸었다. 다음 날 그 사실을 왕에게 이르자 왕은 바라문 중 장로들을 불러 왕비가 꾼 꿈에 대해 해몽을 부탁했다.

"대왕이여. 이 꿈은 미래의 위대함을 예견하는 것이옵니다. 왕비의 몸 안에 새 생명이 잉태되어 장차 이 나라에 훌륭한 왕자님이 태어나실 것입니다."

석가모니 부처님은 세상에 태어나기도 전에 어머니에게 자신이 태어날 것을 미리 예언하셨다. 배 속에서 무럭무럭 자라는 동안, 그 어떤 작은 병치레도 하지 않았다. 마야부인은 그 어떤 힘든 일을 해도 피로하지 않았으며 항상 마음이 상쾌했다. 심지어 병든 사람도 마야부인을 쳐다보면 건강을 되찾았으며 미친 사람들도 온전하게 정신이 되돌아왔다.

마야부인이 왕자를 잉태한 이후부터 이러한 기적들이 일어났다. 산월産月이 가까워지자 마야부인은 성을 떠나 자신의 친정인 데바다하 성으로 가다가 아쇼카나무에 꽃들이 만개하여 향기가 진동하고 있는 룸비니 동산에 이르렀다. 그 순간 산기産氣를 느껴 곧 왕자가 탄생하였다. 그때가 바로 만물이 생동하는 봄날의 한낮이었다. 이날이 바로 4월 초파일, 부처님오신날이 되었다.

아기왕자는 동서남북 위아래 여섯 방향으로 각각 일곱 발자국

씩 내딛자 딛는 곳마다 연꽃이 피어났다. 아기왕자는 그 연꽃 가운데 우뚝 서서 오른손으로 하늘을 가리키고 왼손으로는 땅을 가리키며 사자처럼 크게 외쳤다獅子吼.

"하늘과 땅 위에 나 홀로 존귀하네. 온 세상이 고통 속에 헤매니 내 마땅히 이를 편안케 해 주리라." 부처님은 태어나자마자 자신의 존재감을 세상 사람들에게 알렸던 것이다. 그때 그 연꽃이 오늘날 연등 모양으로 변하였다.

'천상천하유아독존'이란 이기적으로 자신만 알고 자신이 최고라는 뜻이 아니라 바로 자기 자신이 주인공임을 알아 세상을 제대로 살아가라는 준엄한 말씀이다. '아我'는 이 세상의 모든 사람을 지칭하며 모두 존엄한 인간이며 절대 평등하다는 뜻이 담겨 있다.

부처님오신날은 저마다 산사에 가서 연등燃燈을 단다. 연등의 의미는 '불을 밝힌다'는 뜻이 담겨 있다. 불교에서의 등은 암흑과 같은 중생의 미혹과 무명無明을 걷어내고 지혜를 밝히자는 의미가 담겨 있다. 연꽃 모양의 연등을 밝히는 것은 진흙 속에서도 청결함을 잃지 않는 연꽃처럼 세속에 물들지 않고 청정하게 살라는 뜻이다. 불자가 나아갈 삶의 자세이기도 하다. 부처님이 열반에 앞서 제자 아난다에게 설한 가르침 또한 우리는 귀담아들어야 한다. "너희들은 저마다 자기 자신을 등불로 삼고 자기를 의지하

라. 또한 진리를 등불로 삼고 진리를 의지하라. 이 밖에 다른 것에 의지해서는 안 된다"고 설하셨다. '진리의 등불을 밝히라'는 뜻이다.

　우리는 이 가르침을 통해 중요한 사실을 발견할 수 있다. 부처님은 제자들에게 "나를 스승으로 삼지 말고 오직 자기 자신을 등불로 자기를 의지하라"고 강조했다는 점이다. 이와 같이 이 세상에서 자기보다 더 중요한 사람은 없다. 그렇기 때문에 자기 자신을 제도하고 자기 자신을 계발하는 것이 매우 중요하다. 우리 '108산사순례기도회' 회원들은 이 부처님의 말씀을 평생 간직하고 자신과 남을 위해 참되게 살아야 한다.

마음에서 우러나오는 진정한 보시

경전에는 세상을 살아가는 지혜의 가르침이 들어 있다. 그중에서도 설화비유문학의 대표적인 경전은 『현우경』이다. 『현우경』은 모두 13권으로 이루어져 있으며 위나라의 혜각·담학·위덕 스님이 서역에 가서 삼장법사들로부터 들은 설법을 중국에 돌아와 번역해 엮은 것으로 모두 69품이며 성현과 범부의 예를 들어 착한 일을 하고 불교와 인연 맺은 것을 강조하는 내용으로 쉽고 흥미로운 설화로 되어 있다. 이 책은 불교대중화에도 큰 기여를 했다. 나는 5월 '부처님오신날'이 되면 『현우경』에 들어 있는 '어느 가난한 여인의 등불' 이야기를 떠올린다. 부처님의 중생 사랑이 그 속에 가득 담겨 있기 때문이다.

'난타'라는 매우 가난한 여인이 있었다. 당시 부처님께서는 기원정사에서 안거를 하고 계셨는데 국왕과 모든 백성들은 남녀노소를 가릴 것 없이 누구나 부처님과 스님들에게 많은 공양을 베풀고 있었다. 난타 여인은 생각하였다.

'내가 전생에 무슨 죄를 많이 지었길래 이토록 가난한 집에 태어나 부처님 같은 복밭을 만나고서도 공양을 드릴 수 없는 것일까?'

그녀는 못내 괴로워하고 마음 아파하면서도 조그마한 공양이라도 드려야 되겠다는 일념으로 아침 일찍 일어나 일터에 나가 밤늦도록 부지런히 구걸을 했지만 얻어지는 건 겨우 몇 푼에 불과하였다. 그녀는 이렇게 간신히 모은 돈을 가지고 기름집에 가 기름을 사기 위해 주인을 불렀다.

"제가 가진 돈이 1전밖에 없습니다."/ "부인, 1전어치의 기름은 사 봐야 쓸데가 없는데 도대체 어디에 쓰려고 하는가?"/ "부처님과 제자들에게 불을 켜 공양을 하기 위해서입니다. 가진 것이 이것뿐이니 적지만 이것만큼만 주세요."

기름집 주인은 가난한 여인의 사정을 듣고서 가엾이 여겨 돈보다 많이 기름을 주었다. 그녀는 그 기름을 받아 기쁜 마음으로 등불을 하나 만들어 불을 켠 뒤, 그 등불을 부처님께 바친 뒤 서원을 세웠다.

'저는 지금 너무 가난하기 때문에 제가 올릴 수 있는 공양은 이 작은 등불 하나뿐입니다. 그러므로 이 등불은 전 재산을 바치는 것이며 저의 마음까지 모두 바치는 것입니다. 바라건대 이 인연공덕으로 저도 내생에 지혜광명을 얻어 일체중생의 어두운 마음을 없애게 하여 주십시오.'

그녀는 자신의 소원을 빌고 나서 부처님께 예배를 하고 떠났다. 밤이 지나고 이른 새벽이 되어 먼동이 서서히 트자 다른 등불들은 하나둘씩 꺼지기 시작했다. 그러나 그녀가 켠 등불은 새벽이 가까워져도 꺼지지 않았다. 이날 불을 끄는 당번은 신통제일 목건련 존자였다. 그는 위대한 현자였는데 등불을 끄기 시작했다. 그런데 이상하게도 난타 여인이 켜 둔 등불은 아무리 해도 꺼지지 않았다. 이 모습을 보고 계셨던 부처님이 목건련 존자를 불러 말씀하셨다.

"목건련아, 지금 네가 끄려 하는 등불은 너희들이 가진 성문聲聞의 힘으로는 끌 수 있는 게 아니다. 네가 만약, 사해의 바닷물을 모두 가지고 오거나 크나큰 태풍이 몰아쳐 온다고 해도 여인이 켜 둔 그 불은 끌 수가 없다. 왜냐하면 그 등불을 보시한 사람은 바로 자기의 전 재산과 마음을 진실하게 바친 뒤 일체중생을 구원하겠다는 큰 서원을 세운 것이기 때문이니라."

이에 난타 여인은 수계를 받고 기쁜 나머지 부처님 앞에 꿇어 앉아 출가하기를 원했다. 부처님께서는 쾌히 승낙하고 그녀가 비구니가 되도록 허락하시었다.

진정한 보시의 실천은 바로 물질에 있음이 아니라 '마음'에 있다. '108산사순례기도회' 회원들은 제55차 석남사 순례에서 이 난타 여인처럼 '부처님오신날'을 앞두고 수많은 연등들을 보시했다. 진정 부처님에게 '마음'으로 올리는 아름다운 연등공양이었다. 지금쯤 가지산 석남사에는 오색찬란한 등불이 저녁을 밝히고 있을 것 같다.

법향 가득한 산사서 청정심 닦는 수행

인생은 마치 길을 떠나는 것과 같다. 순례도 끝없는 길을 따라 나서는 일이기도 하다. 인생이 그렇듯 길 위에는 수많은 고난과 역경이 도사리고 있다. 앞으로 남은 순례 또한 결코 쉬운 여정旅程이 아니다. 그래서 나는 매달 순례를 나설 때면 항상 새로운 마음으로 길을 떠난다.

때론 우리 오천여 명 회원들이 분홍빛 순례복을 입고 부처님 전殿 앞에서 고절高絕한 참회의 기도를 올리는 광경을 보고 있으면 그 장엄한 모습에 눈시울이 가끔 붉어질 때도 있다. 이렇게 기도란 아름답고 고결한 것인가를 새삼 느낀다. 기도 속에서 자신의 내면을 발견하고 참회를 하는 모습을 보면 그들이 바로 부처가 아니겠는가. 그들의 마음속에는 이미 108부처님이 다 들어 있다.

  소담하고 아담한 것이 오히려 천년을 견디듯이 산사의 대웅전과 탑들은 모두 천년을 견딘 것들이다. 그래서 바람소리 물소리 온갖 소리들을 다 들을 수 있는 산사에는 항상 불취佛趣가 넘치기 마련이다. 이 소리들은 도시에서 맛볼 수 없는 무한 청정淸淨한 산소들이다. 부처님 전에 기도를 하며 한 단 한 단 찌든 마음을 내려놓다 보면 어느새 세상과 초탈한 자기 자신을 발견하게 되고 내면을 들여다보는 계기가 된다. 그러니 '108산사순례'가 얼마나 즐겁고 행복한 길인가를 새삼 느낄 수밖에 없다.

  사람은 진실과 거짓 사이에서 만들어 내는 번뇌 때문에 항상 괴로워한다. 산사 순례는 이러한 번뇌를 버리는 과정이기도 하다. 일상에서 자신이 가진 번뇌를 털어 내는 일이란 결코 쉽지 않다. 더욱이 남편과 아이들의 뒷바라지에 애를 쓰다가 알게 모르게 스트레스를 받는 주부들에게 있어 산사 순례는 때론 삶의 기쁨이 되고 활력소가 되기도 한다.

  조선시대 때 끼니를 거르며 좌선삼매坐禪三昧에 빠져 여래如來의 응신應身으로서 선禪과 교教를 아울러 수행하셨던 진묵 스님은 '여련화불착수 여련화불착수 如蓮花不着手 如蓮花不着手'라는 설법을 하셨다. '연꽃은 더러운 물에 젖지 않는다'는 뜻이다. 산사 순례는 부처님 전에 가서 연등을 밝히는 일과 다름이 없다. 그런 마음을 가진 사람은 마치 한 송이의 연꽃이 아니겠는가. 우리 회원들은 결코 더러운 물에 젖지 않는 연꽃인 것이다. 또한 원효 스님은 "비록 깊은 산에 가서 마음을 닦지 못할지언정 제 나름을 따라 어진 일을 버리지 말라"고 하셨듯이 산사 순례는 하나의 마음을 닦고 어진 일을 하기 위한 과정인 것이다.

불교는 구원의 종교이며 깨달음을 위한 종교이다. 수행자들은 이 깨달음을 통해 열반에 이르기 위해 힘든 과정을 스스로 감내해 왔다. 부처님이 6년간의 힘든 고행을 하셨던 것도 이 때문이다. 물론, 부처님이 겪었던 그 고행과는 결코 비교할 수 없지만 우리가 9년 동안 산사순례를 하는 것도 어쩌면 부처님께서 하신 그 힘든 고행을 우리가 스스로 체험하기 위해서이다.

벌써 제56차 대승사 순례(5월26~28일)가 다가온다. 이번 산사순례에서는 특별한 공연을 마련할 예정인데, 오는 27일 지난해 타계한 코미디언 고 배삼룡을 추모하는 '추억의 코미디쇼 & 품바연극'을 문경시민회관에서 문경시와 함께 합동으로 연다.

고故 배삼룡 씨의 양아들로 '108산사순례기도회' 홍보대사이기도 한 이정표 씨와 신세대 판소리꾼인 최형선 씨가 호흡을 맞춰 시원스러운 판소리의 매력과 넘치는 끼를 함께 보이게 될 것이다. 그는 배삼룡 씨의 주특기인 개다리 춤 등을 전수받아 부자 바보연기를 선보였던 주인공이다.

　공연은 108산사순례 회원들과 문경시민들의 문화적 욕구 충족과 함께 이웃사랑을 실천하고, 화합과 소통의 장을 마련하기 위한 행사인데 이정표 씨는 "아버님을 대신해 웃음을 전할 수 있다는 것만으로도 뜻깊고 보람 있는 일이며 공연을 통해 문경시민들이 108번 웃고 108배 즐거워지도록 연기하겠다"고 밝히고 있다. 이렇듯 산사 순례는 기도뿐만이 아니라 다양한 행사를 통해 신심을 북돋우고 있는 것이다.

산사 순례

　겨울 추위가 지나가고 따뜻한 봄 공기가 대지를 힘껏 말아 올리는 3월 아침, 산창山窓을 연다. 잔가지에 얼어붙어 있던 눈꽃들이 사르르 녹아 옥토沃土에 방울방울 떨어진다. 화사한 꽃과 싱그러운 풀잎, 나뭇잎들을 키우게 하는 저 물방울들은 생명을 키우는 힘이다.
　겨울 산사는 산객山客이 붐비는 다른 계절과는 달리 절다운 절로 돌아오는 시기이며 고행의 계절이다. 문門 없는 문인 무문관에서 한철 치열한 안거 수행을 마치고 나면, 화사한 봄은 납자衲子들을 포근하게 맞는다. 그래서 봄은 산가에서 어느 계절보다도 그 의미가 각별하다.

지난겨울 산승山僧은 혹독한 추위와 폭설 속에서도 무사히 순례를 다녀왔다. 회원들은 살을 에는 추위에도 아랑곳없이 눈꽃에 잠긴 천년 고찰 속의 아름다운 전각과 탑, 단청을 보며 자신들의 마음을 닦았다.

세상을 살다 보면 우리는 때 아니게 '인혹人惑과 물혹物惑'의 집착에 끌려 몸과 마음을 상傷하기 쉽다. 순례는 이러한 집착을 버리고 허약한 심신心身을 깨끗하게 하는 데 절대적인 효과가 있다. 또한 세상을 살면서 지은 업장業障을 지우고 세파世波에 시달려 잃어버린 자신의 마음을 찾아 나서는 길이다.

사람은 일생 동안 많은 인연들을 만들고 자신도 모르게 수많은 업業을 짓는다. 하지만 자신이 지은 업에 대해 제대로 참회懺悔조차 하지 않는다. 뒤돌아보면, 우리의 삶은 마치 시간을 여행하듯 느릿느릿 살아온 것 같지만 찰나처럼 빠르게 흘러가 버린 세월에 스스로 놀란다. 그 순간 우리는 헛되게 보내 온 세월에 대해 아쉬움과 후회에 젖지만 그러나 이미 때는 늦다.

나의 은사인 청담 스님은 평생 '수처작주隨處作主'라는 말씀을 가슴에 품고 수행하셨다. 어떤 대상에 대한 미련을 버리고 스스로 자신의 삶에 안주할 수 있는 자유자재한 주인으로 삶을 사는 법을 터득하라고 하셨던 것이다. 이는 바로 자기 자신이 주인공이 되라는 말씀이다. 그러므로 산사 순례는 자신의 잃어버린 마음을 찾고, 삶의 질을 높이기 위한 하나의 여행인 것이다.

산사 순례는 비단, 여행에만 그 목적을 두지 않는다. 설령, 불자가 아니더라도 한 달에 한 번씩 산에 숨은 아름다운 사찰을 찾아 마음을 씻는 것도 생활에 찌든 현대인들에게 큰 활력소가 된다.

'인욕생활'을 실천하라

　우리가 사는 세상을 두고 불가佛家에서는 '사바세계娑婆世界'라고 한다. 여기에서 '사바'를 우리말로 의역하면 '인토忍土'이다. 이를 풀이하면, '인내하며 사는 세상'이라는 뜻이다. 또한 어리석어서 자신의 생각대로 세상사를 처리하는 인간을 '중생' 혹은 '범부'라고 한다. 사람이 '범부'로 살게 되면 언제나 충돌과 마찰, 다툼이 생기게 되고 결국 원한과 질시로 인해 화가 일어나고 번뇌가 끊이지 않는다.
　부처님께서도 제자들에게 세상을 살아가는 데 조심해야 할 것 세 가지를 말씀하셨는데 "선남자, 선여인들에게 세 가지 법이 있다면 진리의 도량에 이르게 되나니 그 세 가지란 무엇인가. 첫째는 신체의 청정淸淨이요, 둘째는 입의 청정이요, 셋째는 생각의 청정이다. 이 세 가지 법을 갖추면 부처님의 도량에 이르게 된다"이다.

불자라면 누구나 다 알고 있는 '신·구·의身口意' 삼업三業이다. 사람은 몸과 입과 생각으로 업을 짓는다. 신체적인 행위로 인한 업은 신업身業, 언어로 인한 업은 구업口業, 마음으로 인한 업은 의업意業이다. 이 세 가지 업이 축적되어 에너지를 가진 업력이 우리를 지배하게 되면 업의 훈습薰習은 거듭되어 이 세상을 고통의 바다로 만들고 심지어 사람의 얼굴, 생각마저도 그 업에 따라 변하게 된다. 그런데 너무나 잘 알면서도 잘 지켜지지 않는다.

나의 은사이셨던 청담 스님은 생전에 '인욕보살忍辱菩薩'로 많은 분들께 추앙받았다. 인욕이란 이 세상의 온갖 고통과 번뇌 등을 참는 불교 수행법을 말하는데 그 속에는 '신·구·의' 삼업에 대한 말씀이 담겨 있다. 우리가 사는 사바세계에서는 모욕이나 고통, 번뇌 따위가 끊임없이 일어난다. 이것들을 능히 참고 참아서 조금도 마음이 흐트러지지 않고 견뎌 자신의 본래면목本來面目을 찾는 것을 말한다.

이러한 '인욕생활'을 실천하지 못하면 결국 자신에게 돌아오는 것은 화禍뿐이다. 물론, 인욕은 말로는 쉬우나 실제로 행하기는 지극히 어렵기 때문에 부처님도 이를 간곡히 권했으며 나의 은사 청담 스님께서도 특별히 제자들에게 당부했다.

만약, 사람이 자신에게 오는 모든 모욕과 즐거움조차 헌신짝같이 버릴 수만 있다면 마음의 평화를 얻을 수가 있다. 이를 모두 실천할 수만 있다면 성인聖人이라 할 수 있겠지만, 사실 범부들이 이를 행하기는 어렵다. 하지만 사람은 인욕을 반드시 실천해야 한다. 그래야만 몸에서 오는 온갖 화를 줄일 수 있으며 건강한 삶을 유지하고 행복을 얻을 수가 있다.

춘래불사춘春來不似春

지금 세계는 천재지변으로 전쟁 중인 것 같다. 아이티, 칠레, 터키의 지진이 그렇고 남극에는 빙하氷河가 녹아 육지가 섬이 되는 등 세계지도를 바꾸어 놓고 있다. 우리나라에는 춘삼월인데도 산간 지방에는 때아닌 폭설이 내렸다. 긴 겨울이 지나고 봄이 오면 옷은 화사해지고 웃음꽃이 피어야 하는데 마음은 '춘래불사춘春來不似春' 즉, 봄은 왔는데 봄이 온 것 같지가 않다.

한나라 원제 때 왕소군이 입궁을 했다. 원제는 화공 모연수가 그린 화첩에서 후궁을 골랐는데, 화공 모연수는 얼굴을 잘 그려 달라는 여인들로부터 뇌물을 받았다. 하지만 미모에 자신이 있었던 왕소군만 뇌물을 주지 않았다. 이에 화가 난 모연수는 괘씸하게 여겨 그림의 뺨에 검은 점 하나를 그려 넣었다. 어느 날 흉노족의 선우 호한야呼韓邪가 후궁들과 결혼을 원해 원제는 화첩에서 못난 후궁들을 보여 주었다. 그러자 호한야는 뜻밖에 왕소군을 원했다. 원제는 실제로 왕소군을 보자 '어떻게 저런 미인을 몰랐을까?'하고 의아해했다. 원제가 이상히 여겨 조사한 결과 뇌물이 오간 사실을 알고 모연수를 참수했다.

혼인을 하고 흉노 땅으로 간 왕소군은 35세에 세상을 떠났는데 후대 당나라 시인 동방규는 왕소군의 심정을 대변하는 시를 지었다. '胡地無花草/ 春來不似春 오랑캐 땅에는 꽃도 풀도 없으니 봄이 와도 봄 같지 않구나.' 봄이 와도 진정 봄을 느낄 수 없는 왕소군의 서글픈 심정을 묘사한 이 시에서 유래한 말이 '춘래불사춘'이다.

봄은 생동生動의 계절이다. 그런데도 불구하고 봄은 우리들 곁에서 자꾸 멀리 떨어져 있는 느낌이 드는 것은 어떤 까닭일까? 유례없는 지구촌 재앙災殃으로 인해 마음이 그지없이 우울하다. 그러나 우리 산사순례기도회는 지난 2월 포대화상님을 놓고 성금을 모금, 아이티에 보내는 등 정성을 기울였다. 이 지구촌은 둘이 아니라 하나이기 때문이다.

산승山僧이 이끌고 있는 '108산사순례기도회'는 올봄에 북한의 신계사 순례를 다녀오려고 했다. 수천 명의 우리 불자들이 108대의 버스를 타고 육로陸路로 금강산을 순례한다는 것은 실로 역사적인 사건일 수 있다. 그러나 경색된 남북관계로 순연되고 있어 아쉬움이 크다.

　우리 불자들은 역사적으로 뛰어난 북한의 사찰들을 순례하기를 진실로 간절하게 서원誓願하고 있다. 어서 남북한 민간 외교가 화해의 물결을 타고 춘래불사춘이 아닌, 진정한 봄날이 오기를 진심으로 기대한다.

콩을 심고 팥을 기다리지 마라

해마다 석가탄신일이 다가오면, 조계종 본사인 조계사에서는 어린이들에게 2주간의 단기 출가 행사의 하나로 삭발식을 갖는다. 머리를 깎고 승복을 입은 천진스러운 동자승들의 얼굴을 바라보면 마치 부처님의 미소를 대하는 것 같은 느낌이 든다.

경전에도 '어린이의 마음이 곧 부처님의 마음'이라는 말씀이 있듯이 어린이들은 배고프면 먹고 졸리면 자는, '있는 그대로'의 심성心性을 가지고 있어 그 어떤 꾸밈과 사심私心이 전혀 들어 있지 않다. 옛날에는 동진출가가 곧 큰스님이 되는 지름길이라고 했다. 나 역시 열세 살, 철모를 때 청담 스님을 은사로 동진출가를 했다.

불교에서는 선업善業과 악업惡業이 있다. 선업은 선한 일을 하는 것이 업으로 굳어진 것을 말하고 악업은 나쁜 일을 하는 것이 업으로 굳어진 것을 뜻하는데 사람은 어떤 일을 계속하다 보면 자신도 모르게 습관이 되어 이것이 그대로 굳어지게 되어 업이 된다.

책상에 먼지가 쌓이듯이 세월이 가고 인연사因緣事가 깊어지면, 마음에도 때가 쌓이기 시작하는데 사람이 술을 계속 먹게 되면 알코올 중독자가 되고 마약을 끊지 못하고 계속 복용하게 되면 마약중독자가 되듯이 습관이란 이렇듯 무섭다. 이와 반대로 남을 위해 자신을 희생하면 보현보살이 되고 남을 도와주다 보면 자선가가 된다. 범죄자가 되는 것도 계속된 습관이 업으로 굳어진 까닭이다. 이런 사람은 나쁜 일을 해도 자신의 잘못을 제대로 모른다. 이 때문에 악업보다 선업을 만드는 것이 무엇보다 중요하다. 어린이들에게 단기 출가의 경험은 선업을 쌓게 하는 데 매우 좋다.

어릴 적부터 부처님의 회상會上을 경험하게 되면 아이의 마음속에 선한 잠재의식이 쌓이게 되고 성장하면서 바른 품성品性을 지니게 되어 선업善業의 밑바탕이 될 수가 있다. 어릴 적부터 길러진 좋은 습관은 나중에 훌륭한 사람이 되는 지름길이 되기 때문이다.

　비단 불교뿐만이 아니라 천주교, 개신교 등 모든 종교적 측면에서 그렇다는 말이다. 그러므로 어릴 적 아이에게 부모가 들려주고 행하는 종교적 체험은 아이의 성장에 좋은 영향을 미치게 되고 선업을 쌓게 하는 습관을 지니게 한다.

　가정과 국가의 이미지도 마찬가지이다. 자식에게 제대로 인성교육을 시킨 가정은 항상 선업을 이어가게 되고 선업을 쌓은 사람이 많아야 그 나라도 부국으로 발전하게 되는 것이다.

　그러므로 '콩 심은 데 콩이 나듯' 어릴 적부터 좋은 경험을 하게 하여 선업을 쌓게 하는 것은 매우 중요하다. 결코 콩을 심고서 팥을 기다려서는 안 된다. 이 속에 평범한 진리가 숨겨져 있는 것이다.

"마음아, 어디에 있느냐"

봄이다. 전각마다 봄 냄새가 물씬 풍기고 수각水閣에 떠 있는 연꽃이 싱그럽다. 절을 찾는 상춘객賞春客들의 옷자락에도 활짝 봄꽃이 피어 있다. 산방山房에 앉아 한잔 차茶를 달이면 그 향취에 취해 모든 시름이 다 녹아드는 것 같다. 세속이나 산중山中이나 계절을 맞이하는 마음은 한결같다.

봄빛이 완연한 날이면 나의 은사이셨던 청담 스님의 진영眞影이 떠오른다. 스님께서는 평생 수행정진을 하시면서 "마음아 너는 지금 어디에 있느냐"하고 스스로 물으셨다. 이는 행여, 세속의 정情에 물들어 자칫 소홀해지기 쉬운 수행자의 길을 다시 한 번

다지기 위한 자신의 되물음이다.

　오늘날 신문을 보면 온통 부정적인 기사들로 만연하다. 사람으로서는 도저히 행할 수 없는 일들이 비일비재하게 일어나고 있다. 사람이 사람을 때리고, 어른이 소녀를 성폭행하고 그것도 모자라 살해하고, 도둑질하고, 미워하고, 시기하는 기사들이 너무 넘쳐흐르고 있어 안타깝기 그지없다. 이 모든 일들의 근원은 바로 '잃어버린 자신의 마음' 때문이다.

　어둠 속에 촛불을 켜 보면 밝아지는 거기 그 자리가 바로 내가 서 있는 자리이듯이 세상일이란 죄다 돌아보면 내 마음 안에 있다. 부처님께서 6년간의 긴 고행 끝에 깨달으신 것도 본디 '우리의 마음은 청정하다'는 것이었다. 그런데 본래부터 청정한 우리의 마음이 왜 이토록 타락하고 만 것일까? 내 마음 안에 든 진여眞如를 찾지 못했기 때문이다. 버릴 줄 알아야 빈 곳에 그 무엇이 다시 채워지듯이, 욕심을 버려야만 복도 찾아온다. 이러한 평범한 진리를 모르고 오직 자신의 욕심만을 채우려다가 보면 언젠가 화禍를 자초하게 된다.

　또 법정 스님은 재가불자와 제자들에게 이렇게 물으셨다. '너는 너의 세상 어디에 있느냐? 너에게 주어진 몇 해가 지나고 몇 날이 지났다. 그래 너는 네 세상 어디쯤에 와 있느냐?' 그렇다. 우리는 지금 어디에 있으며 우리는 지금 어디로 가고 있는 것일까? 또 지금 우리는 이 세상의 어디쯤에 와 있는 것일까? 참으로 우리는 뉘우치지 않으면 안 된다.

삶이란 살아 있는 한 연속성을 가지고 있다. 오늘 내가 참회하는 삶을 사는 사람이라면 내일도 참회를 하며 살아간다. 그러나 참회를 할 줄 모르는 사람은 결코 내일도 참회를 하지 않는다. 이런 나쁜 습관을 가진 사람은 미래에도 행복한 삶을 보장받을 수 없다. 실로, 중생들에게 많은 가르침을 던져 주시는 스님의 진언眞言이다. 한번쯤 잃어버린 자신의 마음을 찾기 위해 기도하고 참회를 하라.

아, 법정 스님

　어느 날, 도선사 접견실에 세 분의 젊은 시인이 찾아왔다. 그들에게 나는 "시詩란 무엇인가" 하고 물었다. 다분히 선적禪的인 질문이었다. 그래도 장래가 촉망받는 시인으로 알려진 그들에게 스님이 대뜸 그런 질문을 던졌으니 적지 않게 당황하는 기색이 역력했다. "시란 말씀 언言변에 절 사寺자이니 절에 있는 모든 전각과 바람소리, 물소리, 범종 소리, 심지어 스님의 법문조차 시 아닌 게 없다. 그러니 나 역시 시인이 아닌가?" 하고 나는 웃으면서 말했다. 그제야 젊은 시인들은 환하게 웃으며 "역시 우리 스님" 하고 고개를 이내 끄덕였다.

우리는 11일, 스님이자 문필가로 세상에 향기로운 '무소유'의 법문을 던졌던 법정 스님을 잃고 말았다. 입적 직전 '내 것이라고 하는 것이 남아 있다면 모두 맑고 향기로운 사회 구현'에 쓰라고 하시고 마지막에도 '유종의 미'를 거두고 가셨다.

스님께서 대중적으로 그렇게 많은 인기를 끌게 된 것은 비단 '무소유'뿐만이 아니라 스님의 온화한 성품性品과 시와 같이 가슴을 울리는 문장의 힘 때문이다. 간결하면서도 자연 속에서 품어 나오는 군더더기 없는 글들이 많은 사람들을 감동시켰다. 시처럼 은은하고 불교의 정수精髓를 그대로 문장 속에 녹아 흐르게 하는 산문들은 불교가 왜 우리 곁에 있는가를 그대로 가르쳐 준다.

스님께서 집필을 시작한 계기가 된 것은 불교 포교에 대한 각별한 생각 때문이었다. 어느 날 해인사의 팔만대장경을 '빨래판'으로 보았던 한 할머니를 보고 충격과 깨달음을 동시에 얻게 된 스님은 어떻게 해야만 부처님의 사상을 바로 전하고 불교를 제대로 포교할 수 있을까를 고민하셨는데 그것이 바로 활발하게 저술 활동을 한 계기가 되었다고 한다. 이렇게 해서 탄생한 것이 바로 《무소유》라는 책이며 수많은 저서들이다. 말하자면 불교 포교에 대한 소신 때문이었다.

스님은 생전에 '사람은 본질적으로 홀로일 수밖에 없는 존재'이기 때문에 '홀로 사는 사람들은 진흙에 더럽혀지지 않고 연꽃처럼 살려고 한다'고 수행자의 삶을 강조하셨다. 또한 죽음에 대해서도 '사람은 반드시 나서 죽는다. 내가 살 만큼 살다가 목숨이 다해 이 몸이 내 것이 아닌 게 될 때 불태워 버리면 일거리가 훨씬 줄어들 것이다'며 생사生死를 초월하셨다.

  이와 같이 출가란 바로 '소유'를 버리고 떠나기 위한 것이다. 그래서 모든 것을 '버리고 떠나기' 위해 스님은 그토록 한 편의 시와 같은 삶을 소망했으며 그렇게 사시다가 떠나셨다. 지금 도선사에는 스님의 산골散骨 같은 봄비가 내리고 있다. 시처럼 살아오신 스님의 '무소유'의 정신이 이곳에도 남아 흐르고 있는 것 같다.

군에 간 아들에게 보내는
초코파이 사랑편지

2007년 2월 눈이 펄펄 내리는 날 '108산사순례기도회'가 찾아간 곳은 논산 연무대 신병훈련소였다. 매서운 영하의 겨울바람에도 아랑곳없이 장병들은 눈이 내린 연병장에서 고된 훈련을 받고 있었다. 당시 나는 2006년 9월부터 9년간 108개 산사를 순례하기로 하고 회원들과 함께 농촌을 살리기 위해 가는 곳마다 농산물 직거래 장터를 열고 농촌에 시집온 다문화가정과 인연 맺기, 효행상 시상 같은 행사들을 열었다. 우리 기도회 회원 5000여 명은 5번째 행사로 논산 관촉사 순례를 마치고 연무대 신병훈련소로 향했다. 군부대를 찾기는 처음이었다. 초코파이는 한 상자에 3000

원에 불과한 작은 간식이었지만 우리들의 손에 든 3000여 상자에는 아들을 사랑하는 부모님의 마음이 듬뿍 담겨 있었다. 그런데 초코파이 상자를 탁자에 올려놓자 신병들이 서로 가져가려다가 탁자 다리가 그만 부러지고 말았다. 그중 몇 개는 상자가 터져 초코파이가 하나씩 땅에 떨어지자, 신병들이 서로 먼저 주워 가려고 했다. 돌아서면 배고픈 게 훈련병 시절인지라 마음 한구석이 찡하게 아려 왔다. 어머니의 품속에서만 고이 자라 한없이 나약했던 아이들, 그러나 나라의 부름을 받고 고된 훈련으로 다시 강건한 군인으로 태어나는 그들의 모습을 보고 한편으론 가슴이 뭉클해졌고 매우 자랑스러웠다. 그런 그들에게 한 개의 초코파이는 배고픔을 채워 주는 간식 이상의 의미가 담겨 있다는 것을 그제야 나는 알았다. 그것은 바로 아들을 사랑하는 어머니의 사랑임을. 이런 나의 모습을 읽었는지 한 회원이 내게 다가왔다. "스님, 저희들의 108산사순례 목적은 선행善行과 보시에 있습니다. 그동안 농촌, 어촌, 산촌을 다 순례하며 어려운 농민들을 도왔습니다. 군부대 방문할 때마다 우리 어머니들이 초코파이 한 통씩을 보시하면 안 되겠습니까?" 아들이 군복무 중이라는 한 어머니도 "아들이 면회올 때 초코파이를 사 오라고 했는데 그 많은 장병들에게 모두 줄 수가 없었던 게 안타까웠다"고 거들었다. 사실 5000여 명의 회원들이 순례 때마다 그 지역 농민들의 농산물을 팔아

주는 것만 해도 상당했다. 그런데 회원들에게 또 하나의 짐을 얹어 주는 것 같이 망설였다. 하지만 어머니들이 다투어 '초코파이 보내기'를 하자는 것이었다. 요즘 젊은이들에게 단돈 500원짜리 초코파이가 매력 있는 간식이 될 수 있을까. 하지만 군에 갔다가 온 사람이라면 달콤한 초코파이의 맛은 결코 잊을 수 없다. 이것이 군생활의 추억이다. 한 번으로 그치려고 했던 초코파이 사랑은 이때부터 한 달에 한 번씩 지금까지 계속되고 있다. 그런데 하루는 아들을 전경으로 보낸 어머니가 찾아왔다. "스님, 군장병들만 할 게 아니라 전경들도 똑같은 군복무를 하는 것인데 어찌 경찰서에는 보내지 않는 것입니까? 제 아들도 군인과 똑같습니다." 그래서 요즘에는 산사순례 때마다 초코파이 108상자를 그 지역 경찰서 전·의경에도 고루 나누어 준다. 자식을 가진 부모의 마음은 이렇듯 간절하다. 그로부터 벌써 4년이 흘렀다. 지금까지 45회에 걸쳐 보낸 초코파이가 160여만 개나 된다. 길이로 따져도 경부선을 왕복할 정도이다. 어머니들은 이를 '초코파이 한 개의 행복'이라 하고 기도회에선 '초코파이 행복 융단폭격'이라고 부른다. 요즘에도 산사 순례가 있는 곳에는 어김없이 '어머니, 아버지 초코파이 잘 먹겠습니다'는 플래카드가 걸려 있고 한 번에 3만~4만 개의 초코파이를 장병들에게 전해 준다. 올해는 6·25전쟁 60주년이다. 장병들에게 전해 주는 한 개의 초코파이 속에는 어머니들의 지극한 정성만이 아니라 온 국민들의 사랑이 가득 들어 있다. 1980년대 이전만 해도 학생들은 군장병들에게 연례행사처럼 위문편지를 보냈지만 요즘에는 그런 행사를 하지 않는다. 그런데 어머니들은 가끔 그 초코파이 속에 마치 자신의 아들에게 보내는 듯한 편지를 써서 넣어 보낸다.

 '지난겨울 내 아들도 군에 갔다. 품안에서 자란 것이 엊그제 같은데 군에 보내는 부모의 마음은 한편으론 대견하고 한편으론 쓸쓸하단다. 그런데 한 달에 한 번씩 산사 순례에 와서 너희들을 보고 정말 기뻤다. 비록, 작은 간식이지만 이 초코파이 속에는 어머니의 사랑과 정성이 가득 깃들어 있단다. 산사 순례에 와서 마치 탑처럼 쌓여 있는 초코파이 상자를 보면 그래서 저절로 기분이 좋아진다. 이것이 바로 초코파이 행복이 아닐까.' '내 아들도 군대 갔단다. 훈련받다 보면 얼마나 배고프겠니. 통닭도 보내고 싶은데 여건이 되지 않아 이 초코파이로 대신한다.' '무엇이든 잘 먹어야 힘든 훈련 견뎌 내겠지. 그런데 입 짧은 우리 아들 녀석은 어떻게 지내는지 눈물이 날 것 같구나. 너희들이 다 내 아들이다.' '천안함 보며 군에 간 내 아들 같아 가슴이 철렁하다. 그래그래 고생이 많지, 너희들은 모두 이 어미 배 속에서 태어난 자식 같구나. 나라의 부름 받고 돌아오너라.' '산사 순례 와서 보니 너희가 꼭 내 아들 같아 눈물이 날 것 같았다. 맛있는 것 해주지 못해 마

음속으로 미안했는데 초코파이 열 상자 보내마.'

　어머니들의 애정이 담긴 초코파이 사랑편지는 장병들의 가슴을 훈훈하게 만들고 눈물 적시게 한다. 108산사를 찾아 108불공을 올리고 108선행을 하며 108번뇌를 없애고 인연을 쌓는 우리 108산사순례 어머니들이 장병들에게 전해 주는 초코파이 사랑은 위문편지만큼이나 따스하다. 108산사순례는 지금껏 45차를 다녀왔지만 아직도 5년간의 세월이 우리 앞에 놓여 있다. '초코파이 한 개의 행복'도 그때까지 지속될 것이다.

지극한 기도에는
부처님 가피 따른다

어느 날, '108산사순례기도회' 회원 한 분이 내게 참으로 귀중한 사연을 편지로 보내왔다. 그 보살은 그동안 빠짐없이 '108산사순례'를 다니며 지극정성으로 기도를 했다고 한다.

기도 덕분인지 낙산사 관세음보살님이 바라보이는 가까운 곳에서 남편이 큰 공사를 수주했다는 이야기였다. 더 놀라운 것은 아들이 군에 입대하는 친구와 함께 양양 경포대 바닷가에서 놀다가 아들친구가 그만 파도 속으로 휩쓸려 들어가 중환실에서 며칠간 산소호흡기에 의지하고 사경을 헤매었다고 한다. 그런데 자신의 아들은 팔에 끼고 있던 단주가 빠져 그 단주를 줍기 위해 뛰쳐나

오는 바람에 무사했다고 한다. 아들의 친구는 다행히 서울 아산병원의 중환자실에 있다가 지금은 통원치료 중이라는 이야기였다. 그 보살은 작년 108산사순례기도회 순례지인 낙산사에서 열심히 기도를 했는데 부처님의 가피가 자신에게 온 것을 정말 피부로 느꼈다는 것이다. 그 보살의 사연은 또다시 이렇게 이어졌다.

"우리나라 가장 좋은 곳에 위치한 108산사에 '순례'라는 인연의 길을 맺어 주신 스님, 많은 중생들에게 공덕을 짓게 해주시는 길로 인도해 주신 스님, 마치 친정엄마가 소중한 물건을 딸에게 골고루 나누어 주듯 염주를 나누어 주시던 스님, 108산사순례를 마치고 길에서 손을 흔들어 주시던 스님은 마치 시집간 딸을 배웅하는 어머니 같은 모습이어서 가끔 코끝이 찡한 날도 있었습니다. 스님께서 《부모은중경》을 소리 내어 염불하실 때는 모든 보살들이 눈물을 흘렸습니다. 세상을 살아가면서 누구에게나 '어머니'라는 이름이 가슴에 닿기만 해도 눈물을 흘리지 않는 사람은 없듯이 그날 스님의 법문은 참으로 가슴에 와 닿았습니다."

나는 이 편지를 읽고서 참으로 많은 감동을 받았다. 오천여 명의 회원들을 이끌고 산가오지에 있는 사찰을 순례하는 것은 사실, 몸과 마음이 모두 힘들다. 그러나 나 자신도 모르게 이런 편지를 받을 때마다 알게 모르게 힘이 절로 솟는다. 이럴 때마다 108산사순례는 나 혼자만의 성지순례가 아니라 회원모두의 순례임을 새삼 느낀다.

'콩 심은데 콩 나고 팥 심은 데 팥 난다'는 말이 있다. 이 속담이 불교에서 나온 말이라는 것을 아는 사람은 흔치 않다. 이 말은 곧 불변의 진리이고 부처님의 가르침인 인과설에서 나온 말씀이다. 이 세상에 원인 없는 결과는 없다. 열심히 씨를 뿌려야 알찬 열매가 맺어 지듯 이 보살님은 지극한 진심으로 부처님께 기도를 올리고 그로 인해 가피를 얻은 것이라는 생각이 들었다. 경전에 보면 '인생난득 불법난봉'이라는 말이 있다. '사람의 몸으로 태어나기가 어렵고 사람의 몸으로 태어났어도 부처님의 법을 만나기는 더욱 어렵다'는 말씀이다. 부처님을 만나고 법을 만난 것은 이 세상 무엇보다도 지중한 인연이다. 그 보살은 그 인연으로 인해 큰 가피를 받은 것인지도 모른다.

우리가 한생에 사람으로 태어나 불법을 만나고 더구나 '108산사순례'를 위해 무려 9년간을 함께 하는 것은 지극한 인연 때문이다. 나이가 50~60대 회원들에게 있어서는 남은 생의 절반을 함께하는 길이다. 이 얼마나 귀중한 날들인가. 인연은 그냥 오는 것이 아니라 수천 수억 겁을 거쳐 다가오는 것이다. 그러므로 부처님을 만나러 가는 '산사순례'는 예사로운 길이 아니다. 그런 날에 어찌 기도를 게을리할 수 있겠는가.

삼법인三法印에 보면 모든 것은 변한다는 '제행무상諸行無常'이 있다. 사람들은 대개 자신이 오래 살 것으로 착각한다. 부자는 영원히 부자일 것으로 생각하고 가난한 사람은 자신의 처지를 비관한다. 그러나 모든 것은 변한다. 가난한 사람도 노력하면 부자가 될 수 있고 부자는 현재의 자신을 안주하다보면 몰락할 수도 있다. 명예도 그렇다. '모든 것은 영원하지 않다'는 진리이다. 이러한 세상의 진리를 깨닫게 되면 자연스럽게 바른 길로 나아갈 수가 있다. 우리가 부처님의 법을 깨닫고 지극정성으로 기도를 올리다 보면 우리가 가진 어려움도 모두 해소되고 큰 복을 받을 것이다.

세상만물이 하나임을 깨닫는 구법 여행

'우주와 내가 둘이 아닌 이치를 깨달은 것이 무소득無所得의 경지라면 불쌍한 중생을 보고 불쌍한 마음이 일어나고, '나'를 위해서는 할 일이 없지만 중생제도를 위해서는 할 일이 많은 자비심이 있게 한다. 오직 남을 위해 주는 자비심과 어둠을 밝히는 밝은 지혜, 끝없는 중생들을 모두 괴로움으로부터 건져 내고야 말겠다는 원력願力. 이것이 '깨달은 이'의 마음이고 '불보살의 마음'이며 무소득의 경지이다.'

은사 청담스님께서 하신 '무소득의 경지'에 대한 법문이다. '무소득'의 사전적 의미는 '소득이 없다'란 뜻이다. 그런데 이 의미를 가만히 역逆으로 생각해보면 '소득이 없다면 소유도 없다'는 뜻이 된다.

여기에서 소득이란 즉 물질, 혹은 욕망을 가리키는데 무소득이란 '소득을 없애라'는 말이 아니라 '마음을 텅 비우라'는 뜻이 담겨져 있다. 현대 사회에서 소득이 없는 삶은 거지와 다를 바가 없다. 돈이 있어야 사업도 할 수 있고, 가족을 먹여 살릴 수 있고 교육도 시킬 수 있으며 집도 살 수 있듯이 소득이 없이는 세상을 올바로 살아갈 수 없다. 그런데 왜 청담 스님은 무소득의 마음을 강조하셨던 것일까? 청담 스님의 무소득이란 마음을 비워 물질과 욕망을 멀리하게 되면 곧 깨달음을 얻어 불보살이 될 수 있다는 법문이다. 그럼, 어떻게 해야만 '무소득의 경지'에 도달할 수 있을까?

청담 스님께서는 불쌍한 중생을 보고 불쌍한 마음이 일어나는 것. 나보다 타인을 위해 자비심을 가지는 것, 밝은 지혜를 가져 많은 중생들을 괴로움으로부터 건져 내고야 말겠다는 원력願力을 가진 사람이 '불보살'이며 '무소득의 경지'를 가진 사람이라고 하셨다. 우리는 청담 스님의 이러한 무소득의 마음을 깊이 생각해야 한다.

내가 '108산사순례기도회'를 결성하게 된 것도 청담 스님의 무소득의 마음을 실천하기 위해서였다. 나는 맨 처음에 산사를 돌면서 그저 순례만 하고 돌아오는 것은 아무런 의미가 없다는 생각이 들었다. 어떻게 하면 우리 불자들이 의미 있는 순례를 할 수 있을까를 오래 동안 고민했다. 그래서 차례로 만든 것이 농촌사랑, 농촌 다문화가정 인연 맺기, 초코파이 사랑, 소년소녀 가장 돕기 장학금, 108 효행상, 108 약사여래 보시금 등이다. 이 모든 신행활동은 청담 스님의 법문인 '무소득의 경지'와도 일치한다. 이것이 우리 '108산사순례기도회'의 마음이기도 하다.

일찍이 부처님께서는 "모든 중생이 다 여래如來의 지혜와 덕상德相은 있지만 자못 망령된 생각과 집착으로 말미암아 능히 깨달음을 증득하지 못한다. 佛說大地衆生皆有如來智慧德相 只因妄想執著 不能證得"고 하셨다.

우리가 세상을 살면서 가장 괴로운 것은 망령된 생각과 집착으로 인해 생기는 고통이다. 이 때문에 부처가 되지 못하는 것이다. 그럼, 어떻게 하는 것이 부처가 되는 것일까? 바로 무소득을 실천하는 마음을 가지는 것, 곧 깨달아 부처가 되는 길인 것이다.

청담 스님의 '무소득'의 말씀을 음미해 보면 부처님의 말씀과 하등 다를 바가 없다는 것을 느낄 것이다. 사람이 어떤 일을 행하면서 항상 무엇인가를 얻고자 하는 욕망이 생기게 되면, 하는 일도 제대로 되지 않고 거기에는 항상 마魔가 끼게 마련이다. 이렇게 되면 부처와는 거리가 점점 멀어지게 될 수밖에 없다.

우리 회원들이 산사순례를 가서 공양과 보시를 올리는 마음은 반드시 대가代價를 구하지 않는 무주상보시가 되어야 한다는 뜻이다. 이런 지극한 마음은 세상에 있는 모든 만물萬物, 즉 타인과 자연, 축생이 모두 둘이 아니라 하나임을 인식할 때만이 생긴다.

오염된 마음 참회하고
다스리는 법석

"다음 산사순례를 설레는 마음으로 기다립니다. 예전에는 부질없이 허송세월을 보냈는데, 108산사순례를 다니고부터 하루하루가 뜻 깊은 나날이 되었습니다. 예전에는 일이 잘 풀리지 않을 때는 화가 많이 났지만, 요즘에는 친구들이나 가족들이 성격이 참 많이 변했다고 합니다. 말하자면, 나의 참 모습을 산사순례를 통해 발견한 것이지요. 항상 미소를 짓고 사니 얼마나 행복한지 몰라요. 요즘은 부처님께 감사하고 아들에게 감사하고 남편에게 감사합니다. 또한 선묵 혜자 스님께서 이리도 좋은 길을 열어주셔서 정말 고맙고 감사합니다."

회원들 중 한 보살이 내게 보낸 신행 편지이다. 그 보살님은 제1차 산사순례지인 통도사에서부터 제58차 용문사 순례지까지 빠짐없이 다녀 58개의 염주를 모두 꿰었다. 가끔 화가 날 때나 짜증이 나는 날은 사찰명이 금빛으로 새겨진 염주를 '관세음보살' 명호名號를 부르며 하나씩 세어 본다고 한다. 그러면 이내 모든 화가 사라진다고 한다. 편지들은 신행상담이 대부분이지만, 이처럼 108산사순례를 다니고부터 삶의 의미를 새롭게 깨닫게 되었다는 내용이 많이 들어 있다. 나는 그런 회원들의 편지를 받을 때마다 지금보다 더 열심히 알차게 산사순례를 이끌어야겠다는 다짐을 한다.

중국의 허운虛雲 스님(1840-1959)은 '참선요지參禪要旨'에서 '자기 마음의 오염이 없어지면 진실로 자기 본래 성품의 참모습을 볼 수 있게 된다.'고 하셨다. 원래 우리는 부처였다. 그러나 세상을 살아가면서 우리의 마음은 자신도 모르게 오염되어 가고 있는 것이다. 하지만 우리는 이 사실을 제대로 모르고 있다. 그럼, 우리 마음을 오염시키는 원인은 무엇 때문일까? 바로 탐진치 삼독三毒 때문인데 이로 인해 우리의 마음은 병들어 가고 있는 것이다.

'108산사순례'는 우리가 세상을 살면서 알게 모르게 오염된 마음을 씻는 참다운 수행이라 할 수 있다. 마음에 오염이 사라지게 되면 자기본래의 참모습인 부처를 만날 수 있게 된다. 그리하여 이 보살님처럼 진정으로 자신의 아들과 남편에게 감사함을 느끼게 되는 것이다. 부처란 다른 것이 아니다. 내 주위에 있는 이웃과 가족을 사랑하는 마음, 남을 배려하는 마음을 가진 사람이 곧 부처이다. 마음이 오염된 사람은 남을 위할 줄 모르고 심지어 가족조차 귀중한 줄을 모른다. 그런 사람에게 자비란 있을 수 없다. 오염된 마음을 가지고 있는 사람은 매사가 괴롭고 결국에는 육신마저 오염되어 병들게 된다. 그럼, 오염된 마음과 육신을 없애기 위해 어떻게 하는 것이 좋을까? 우리가 108산사순례를 가서 기도를 하고 공양을 올리는 것은 부처님께 올리는 것만이 아니라 바로 나와 가족과 이웃들에게 올리는 것이기도 하다. 이와 같이 산사순례는 마음에 낀 오염을 씻고 진정으로 사랑이 무엇인가를 깨닫게 해주는 일대 장정長征인 것이다.

 '마음의 오염'을 달리 말하면, 업장이다. 수많은 오염물질이 공기 속에 떠다니듯이 우리의 마음속에는 오염된 말과 생각과 행위들이 만들어낸 업이 있다. 그런데 사람은 지은 업 때문에 전생이나 현생이나 내생에도 이러한 업을 완전히 없앨 수는 없다. 그러나 한 달에 한 번씩 '산사순례'에 가서 부처님께 열심히 기도를 한다면 자연스럽게 몸과 마음은 정화되고 마침내 청정하게 될 것이다. 우리 회원들이 간절히 기도를 하고 서원을 올린다면 어쩌면

부처님이 어느 날 자신에게 큰 가피를 내려 주실 지도 모른다. 간절한 서원만이 간절함을 얻을 수 있다는 말이나. 사실, 업을 지우는 데는 이보다 더 좋은 방법은 없다.

　우리 회원들은 '108산사순례'를 나선 지난 5년 동안 문득 달라진 자신의 참모습을 많이 발견했을 것이다. 이것은 사회생활 속에서 지인이나 가족들에게 자신의 참모습을 보이게 되는 한 과정이다. 그중에서도 가장 중요한 것은 순리順理를 역행하지 않고 '있는 그대로' 세상을 받아들이는 '청정한 마음'인데 아마, 가족이나 친구들에게서 이런 말을 듣는 회원들은 자신이 진정으로 많이 변했음을 느낄 것이다. 이것이 바로 부처님의 가피가 아니겠는가!

나눔 실천으로
전·현생 지은 악업 참회

연일 비가 내리다가 지금은 몇일 째 힘겨운 무더위가 계속되고 있다. 특히 요즘 선가禪家에서는 하안거夏安居를 보내고 있는 중이어서 스님들이 정진하기가 여간 힘들지 않을 것이다. 그러나 어쩌랴! 이 또한 하나의 수행인 것을.

오늘은 '108산사순례' 10대 행원 중에서도 우리기도회가 수행의 중요한 지표地表로 삼고 있는 '108자비나눔'과 '108공덕'에 관해 이야기하고자 한다. 불교에서 '자비'란 중생에게 행복을 베풀며, 고뇌를 제거해 주는 것을 가리키는 단어로서 '자慈'는 모든 사람들에게 평등한 사랑을 갖는 의미이며 '비悲'는 중생의 괴로움에 대한 깊은 이해와 동정·연민 등을 나타낸다.

그리고 부처님의 광대한 자비를 '대자대비大慈大悲'라고 한다. 일반적으로 석가모니 부처님의 자비는 중생의 괴로움을 자신의 괴로움으로 대신하기 때문에 '동체대비同體大悲사상'이라고도 한다. 《열반경涅槃經》과 《대지도론大智度論》에 보면 자비에는 중생을 대상으로 일으키는 '중생연衆生緣', 모든 존재를 대상으로 하여 일으키는 '법연法緣' 대상이 없이 일으키는 '무연無緣' 등 3연緣이 있다고 했다.

쉽게 말해 주위에 아는 이가 병들어 있거나 고통 속에 빠져 있으면 그를 도와주어야겠다는 마음이 생기는 것이 '중생연'이요. 이 세상에 모든 살아 있는 존재들이 위기에 처해 있으면 부처님의 마음으로 자비를 베푸는 것이 '법연'이요. 변함없이 선善한 마음을 가지고 항상 불쌍한 이를 돕겠다는 마음을 가지는 것이 바로 '무연'이다. 이 자비정신은 대가를 바라지 않는 '무주상보시'를 전제로 한다.

불교적 관점에서 보면, 이러한 자비심은 현세에 국한되는 것이 아닌 전세의 업에서부터 시작되어 현재까지 지은 업에 대한 참회로부터 시작된다. 인간은 숙세宿世로부터 많은 업을 짓고 살아왔다. 이러한 업을 없앨 수 있는 유일한 방법이 바로 어려운 이웃을 돕는 자비정신인 것이다.

　우리 '108산사순례기도회'가 108선묵장학금, 농촌다문화가정 인연맺기, 108약사여래 보시금, 효행상, 국군장병 초코파이 간식제공, 농촌사랑을 하는 것도 모두 '자비나눔'의 실천이라 할 수 있다. 그러므로 우리 회원들은 순례를 다니면서 과거세에 자신이 지은 모든 업을 이러한 '108자비나눔'을 통해서 자연스럽게 지우고 있다는 것을 알아야 한다. 여기에서 108이란 의미는 한정된 뜻이 아니라 우리가 남을 위해 베풀 자비는 무한하다는 뜻을 담고 있다.

　공덕은 산스크리트어인 '구나Guna'를 번역한 말로 연기緣起와 윤회를 근본으로 하는 불교에서 가장 중요한 개념 중 하나다. 냇물에 징검다리를 놓아 다른 사람들이 쉽게 건널 수 있게 하는 월천공덕越川功德, 가난한 사람에게 옷과 음식을 주는 구난공덕救難功德·걸립공덕乞粒功德, 병든 사람에게 약을 주는 활인공덕活人功德 등 매우 많으며, 선한 마음으로 남을 위해 베푸는 모든 행위와 마음 씀씀이가 모두 공덕이 된다.

　이 중에서 가장 큰 공덕은 '불법에 귀의하여 깨달음을 얻는 것'이고 이러한 사람을 보고 함께 기뻐하는 것도 큰 공덕이 된다. 다시 말해 공덕은 남을 위하거나 도와서 자신의 덕행을 쌓는 것을 말하는데 결과보다 그것을 쌓고 닦아 가는 과정이 더 중요하다. 보시는 공덕의 밑거름이 되므로 보시를 많이 하면 할수록 공덕 또한 많이 쌓인다. 남을 위해 일한다는 것은 쉬운 일이 아니지만 따지고 보면 어려운 일도 이니다. 님에게 매사 공을 들이고 소홀하지 않다보면 공덕도 자연히 쌓인다.

'겸양지덕謙讓之德'이란 말이 있다. 비록, 가진 것이 없다고 해도 겸손하면 그것이 덕이 된다는 말이다. 남을 칭찬하고 자기를 낮추는 하심下心을 많이 하면 할수록 덕이 쌓이게 되고 이것이 나중에 공덕이 되는 것이다. 그러므로 공덕은 장차 좋은 과보를 얻기 위해 쌓는 선행으로 볼 수 있다. 108산사순례에서 '108 자비나눔'을 하고 '108공덕'을 쌓는다는 뜻은 참된 '자비나눔'으로 무한히 많은 공덕을 쌓아간다는 깊은 뜻이 담겨져 있는 것이다.

순례 원력으로 다문화가정에 108친정 결연

　제 58차 양평 용문사 '108산사순례'에서 '농촌다문화가정 인연 맺기' 108번째 쌍이 성사되었다. '인因과 연緣을 아는 사람은 법法을 보게 되고 법을 보는 자는 나인 불성佛性을 보게 된다.'는 불가의 경구經句가 있다. 이는 인연을 선하게 엮는 지혜가 곧 좋은 인연을 만나는 지름길임을 알게 한다. '농촌다문화가정 인연 맺기'도 이러한 뜻에서 시작되었는데 지난 2009년 2월 14일 마곡사에서 이연순님과 두완사리따(베트남)님이 첫 번째 인연을 맺은 이래, 이번 순례에서 박정숙 회원님과 레응옥지(베트남)님이 맺어지면서 드디어 108번째 쌍이 된 것이다.

'다문화가정'은 우리와 다른 민족 또는 다른 문화적 배경을 가진 사람들이 포함된 가정을 총칭하는 용어이다. 우리나라는 예로부터 단일 민족 국가라는 민족주의, 순혈주의가 타 국가들에 비해 매우 강하다. 그러나 국제결혼의 빈도가 많이 증가해 현재 120여만 명의 외국인이 한국국적을 취득하고 있으며 다문화가정도 10만여 쌍에 달한다고 보고되고 있다. 이젠 그들도 한국사회의 일원이 된 것이다.

나는 '108산사순례'를 하면서 한국사회를 위해 어떤 일을 해야 할 것인가를 고민하다가 '108농촌다문화가정 인연맺기'를 하기로 결심을 했다. 다문화가정에 대해서 여전히 한국사회에서는 부정적인 시각과 정서가 남아 있고 이로 인해 그들은 아직도 많은 소외감을 겪고 있을 뿐만 아니라, 자녀교육에도 심각한 문제를 안고 있다.

나는 그들에게 실질적인 도움을 주고 정신적인 의지처를 만들어주기 위해 회원들 중에서 원하는 사람을 선정해 결혼이민자와 인연을 맺어 주는 일에 앞장섰다. 이것은 단순한 인연이 아니라, 그들이 한국사회에서 한국인으로 영원히 그 뿌리를 내릴 수 있도록 실질적인 정신적 도움을 주기 위해서이다. 더구나 그들 중에는 결혼을 한 지 5년이 지나도록 고향 땅을 밟아 보지 못한 이도 많다. 나는 올해 그들 중에서도 3명을 선정해 친정나들이를 보낼

예정이다.

　돌아보면 이 일은 많은 성과를 일있다고 자부한다. 몸이 힘든 것은 누구나 참을 수 있지만 소외감과 외로움은 참으로 견디기가 힘들다. 더구나 고향을 떠나와 머나 먼 이국땅에서 사는 그들에게 현재로서 절실한 것은 '마음의 행복과 평화'이다. 한국사회를 적응하는 데는 무엇보다 필요한 것이 대화이다. 그러기 위해서는 그들에게 친정어머니와 같은 따뜻한 마음을 가진 의지처가 있어야 한다. 우리 '108산사순례의 다문화가정 인연맺기'는 그 일을 대신한 것이라 볼 수 있다.

　매칭이 된 회원들은 수시로 결혼이민자에게 전화안부를 하고, 친정어머니 같이 자상하게 자녀교육 상담 등을 해주기도 한다. 때로는 몸에 아픈 곳이 없는지 한국생활에 불편함이 없는지, 그들의 고민들을 귀담아 들어 주고 그에 대한 해결책들을 일러주기도 한다. 그래서인지 그들은 인연을 맺은 어머니들을 친정어머니처럼 따른다. 이 얼마나 아름다운 광경인가.

　인연맺기는 의지할 곳 없는 그들이 한국의 농촌생활에 빠르게 정착하게 하는 지름길이 되는 것이며 우리 108산사순례에서 세운 보현보살의 실천 행원 중의 하나인 "우리는 모든 중생에게 널리 베푼다"는 것과 그 뜻을 같이 하는 일이기도 하다. 이제 다문화 인연 맺기는 우리 108산사순례에서만 해야 할 일은 아닌 것

같다. 각종 사회단체는 물론, 지자체와 정부도 이와 같이 결혼이민자들에 대한 세심한 배려가 절대적으로 필요하다.

특히 한국으로 온 결혼이민자들의 대부분이 베트남, 캄보디아 등에서 온 동남아 불교국가들이다. 그들은 종교적으로도 매우 힘들다. 전통적으로 어릴적부터 불교의 세계관을 가지고 종교생활을 해 왔지만 남편이나 시댁이 타종교일 때는 문제가 더욱 심각하다.

자녀들도 종교적 갈등을 겪어야만 한다. 그러므로 우리 종단에서도 포교적 측면에서 볼 때 많은 관심을 기울여야 할 때이다. 그러므로 우리 108산사순례의 다문화가정 인연 맺기의 108번째 인연은 매우 뜻 깊은 일이다.

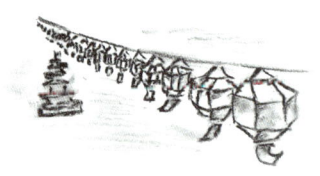

108번뇌 끊기 위한
참회의 법석

여름 무더위가 시작됐다. 108산사순례에서 가장 힘든 일은 더위와 추위이다. 이를 이길 수 있는 방법은 오직 자신이 어떻게 마음을 먹는가에 달려 있다. 옛날 선사들은 '더우면 더운 대로 추우면 추운 대로 살면 그만'이라고 생각하셨다. 이 속에는 '자연의 순리대로 살면 아무런 어려움이 없다.'라는 지엄한 뜻이 담겨져 있다. 불자라면 당연히 그래야만 한다.

오늘은 우리 '108산사순례'에 담긴 의미를 이야기할까 한다. 공식명칭은 '선묵 혜자 스님과 마음으로 찾아가는 108산사순례기도회'이다. 108산사 찾아 108불공 올리며 108배하며 108번뇌를 소멸하고 108자비나눔으로, 108공덕을 쌓고 108염주를 만들어 인연공덕을 쌓아감으로써 '바른 마음 자비 실천으로 아름다운 세상을 만들어 가는' 단체이다. 기존의 타 성지순례와는 확연한 차이점이 있다. 오늘날 이 단체가 21세기 불교신행문화의 패러다임을 창출하고 새로운 포교문화를 선도해 가는 순수한 신행단체로서 큰 주목을 받고 있는 이유는 '위로는 깨달음을 구하고 아래로는 남을 돕는 상구보리 하화중생上求菩提 下化衆生'에 그 바탕을 두고 있기 때문이다. 그런데 우리 회원들이 108산사순례의 의미에 대해 잘 모르고 있는 것 같아 그 중에서 우선 '108 번뇌'와 '108불공'에 관해 이야기하겠다.

불교에서 '108'이란 숫자의 개념은 원래부터 부처님의 탄생지인 인도에서부터 시작되었다. 당시 인도사람들이 염송, 번뇌, 법문 등 여러 곳에서 '108'숫자를 사용했던 흔적을 볼 수 있다. '108 번뇌' 또한 중생이 가지고 있는 팔만사천번뇌를 108가지로 압축 열거한 것이다. 인간이 중생세간衆生世間을 살면서 어찌 108가지의 번뇌만 가지고 있겠는가. 108이란 숫자를 통해 중생의 번뇌가 많음을 표현한 것으로 볼 수 있다. 그 유래는 다음과 같다.

인간은 육근六根과 육경六境이 부딪쳐 세 가지 인식작용인 호好, 악惡, 평등平等의 삼수三受를 가지게 된다. 6근六根을 풀이하면 눈, 귀, 코, 혀, 몸, 뜻이다. 눈은 늘 아름다운 것만 보려고 하고, 귀는 좋은 소리만 들으려고만 하고, 코는 좋은 냄새만 맡으려고 한다. 혀는 맛나는 것만 먹으러 하고 몸은 쾌감만을 원한다. 또한 생각은 탐욕으로 가득 차 있다. 경전에서는 이를 여섯 가지 도둑놈이라고 지칭한다. 그런데 이 육근은 늘 자신이 원하는 색色, 성聲, 향香, 미味, 촉觸, 법法인 육경과 늘 부딪히게 된다. 육근과 육경을 합하면 12가지이다. 여기에 좋다, 나쁘다, 무덤덤하다의 호好, 악惡, 평등平等의 이 세 가지 경계를 곱하면 36가지의 인식작용이 생기게 된다. 그런데 놀랍게도 이 인식작용은 과거에도 그래왔으며, 현재에도 작용하고 있고 미래에도 여전히 작용한다는 것이다. 이것이 바로 전세, 현세, 내세인 3세世이다. 즉 36가지의 인식작용에 전세, 현세, 내세인 3을 곱하면 108이란 숫자가 생긴다. 그러므로 108번뇌란 전생, 현생, 내생에도 인간에게 끊어질 수 없는 번뇌라는 뜻이 담겨져 있다. 108산사순례를 나서 108번뇌를 끊기 위해 참회의 기도를 하는 것은 현세뿐만이 아니라 과거의 업을 지우고 현세를 올바르게 살고 내세를 위함이다.

　불공이란 '부처님 재세 때에 불자佛子가 삼보께 나아가 지극정성으로 꽃, 향, 차를 드리고 공양을 올리며 자신의 소망을 비는 행위'이다. 산사순례에서의 '108불공'의 의미는 전국 108개의 사찰에 계신 부처님께 불공을 드린다는 뜻이다. '108불공'의 공덕은 진실로 매우 크다. 불법승佛法僧 삼보三寶께 귀의 공양을 올리는 것은 탐욕에 가려져 있는 본래의 자기를 회복하려는 구도求道의 작업이자 이웃을 향한 끝없는 자비심을 키워가는 행위로써 보살행의 첫출발이기도 하다. 그렇기 때문에 직접 스님이 개개인의 축원을 받아 일일이 축원문을 읽는 것이다.

회원들은 108산사순례 전일과 당일만이라도 계율을 잘 지켜 몸과 마음을 정결하게 하는 것이 좋다. 부처님께 공양을 올리고 기와불사를 하는 것도 108불공을 드리는 한 예라고 할 수 있다.

자리이타·중생구제가
산사순례 목적

석가모니 부처님께서 열반에 드실 무렵, 한 제자가 이렇게 물었다.

"이 세상에 누가 마땅히 지옥에 떨어지겠습니까?" "부처가 마땅히 떨어질 것이니라." "어찌하여 그러하옵니까?"

"지옥 중생을 내가 제도하지 않으면 누가 능히 제도하겠느냐. 그러므로 나는 지옥으로 들어갈 수밖에 없느니라. 나는 지옥에 떨어질 뿐만 아니라 지옥에서 항상 거주할 뿐만 아니라 항상 지옥을 즐거워 할 것이며 항상 즐거워 할 뿐만 아니라 지옥으로 장엄하게 될 것이다."

또한 중국의 조주 스님이 병들어 누웠을 때 어떤 제자가 이렇게 물었다.

"스님, 돌아가시면 어디로 가시겠습니까?" "나는 지옥이 아니면 갈 곳이 없다." 어안이 벙벙해진 제자가 다시 물었다.

"스님께서는 일생을 청정하게 수도를 하셨는데 극락세계를 가시지 아니하시고 어찌 지옥으로 가신단 말씀입니까?" "극락세계는 내가 아니 가도 기다리는 자가 없지만 지옥에는 내가 오기를 기다리는 자가 많으니 내가 지옥으로 가지 않으면 어디로 간단 말인가?"

부처님과 조주선사께서 하신 이 말씀의 공통점은 바로 '자리이타自利利他'와 '광도중생廣度重生'이다. 자리이타란 '자신이 먼저 깨달음을 성취한 연후에 남을 구제한다.'라는 의미가 담겨져 있다. 즉 '자신의 이로움이 곧 남의 이로움이다.'라는 뜻이다. 이것은 대승불교의 보살행인 '위로는 깨달음을 구하고 아래로는 중생을 구한다'는 '상구보리 하화중생上求菩提 下化衆生'과 일맥상통한다. 우리는 석가모니 부처님과 조주선사가 열반 후에 극락으로 가지 않고 지옥으로 가서 지옥중생들을 구제하게 된다는 말을 가슴 깊이 되새기고 있어야 한다.

우리 '108산사순례'의 정신도 여기에 있다. 우리가 산사순례에 가서 부처님 전前에 기도를 하고 공양을 올리는 것은 자기 자신의 이익을 구하기 위해서가 아니라 자신과 가족을 위하고 나아가 남을 위하고, 나라를 위하고 그릇된 곳에 빠진 이웃을 구하고 어려운 이웃을 돕기 위함이다. 이와 같이 우리는 참된 선행을 실천하고 있다. 이것이 바로 '상구보리 하화중생'이다. 그러므로 산사순례를 가는 당일만이라도 몸과 마음을 정결하게 하고 계율을 잘 지켜 부처님께 기도를 해야 한다. 이런 마음이 없다면 아무리 우리가 열심히 기도를 한다고 해도 그에 대한 성과를 기대할 수 없다.

부처님의 가피는 그냥 얻어지는 게 아니다. 부처님과 조주선사가 열반 후에도 지옥에 가서 시름에 빠진 중생을 구하겠다는 마음을 가진 것처럼, 우리도 고통 받고 있는 어려운 이웃을 돕겠다는 자리이타 정신을 가지고 있어야 한다. 이것이 복전福田을 넓히는 일이기도 하다.

108산사순례는 자신이 가진 복의 밭을 갈고 넓히는 일이다. 우리는 지난 5년 동안 알게 모르게 많은 복전을 일구었다. 그 밭에는 이미 복의 씨앗이 자라고 있고 어느 날 우리는 큰 가피를 받을지도 모른다. 그렇다고 부처님의 가피를 얻기 위해 산사순례에 나서서는 안 된다. 그런 마음조차 가져서도 안 된다. 다만 우리가 부처님께 열심히 기도를 하고 보시를 행한다면 자연스럽게 복의 밭은 넓혀지기 마련이다. 기도를 하는 마음은 사심私心이 없어야 하며 수정처럼 맑고 순수해야 하고 몸은 항시 정결해야 한다. 남이 본다고 겉으로만 선행을 하고 마음으로 행하지 않는다면 아무리 많은 선행을 한다고 해도 아무런 소용이 없다는 말이다. 이를 우리 회원들은 반드시 명심해야 한다.

108산사순례는 7월7일~9일까지 신라시대에 세워진 고찰인 양평 용문사로 간다. 가까운 거리인 것만큼 서울 근교에 있는 산사순례 회원들은 가족들도 동반했으면 한다. 어머니와 아내가 가족들을 위해 열심히 기도를 하는 모습을 보면 아이들이나 남편이 많은 감동을 받을 것이다. 우리가 무엇을 위해 기도를 하고 있는가를 진정으로 가족들이 알고 이해한다면 결코 우리의 기도는 헛되지 않을 것이다.

보현행 실천하는
모든 회원 연꽃과 같아

　연꽃은 불교를 상징하는 꽃이다. 그런데 이 꽃은 맨 땅에 심으면 꽃을 피우지 못하지만 진흙 속에 심으면 제대로 꽃을 피워낸다. 그래서 불가에서는 진흙 속에서 피워내는 아름다운 연꽃을 두고 '부처님의 마음' 혹은 '부처'라고 이름한다.

　경전 《묘법연화경法華經》은 미워하는 마음, 원망하는 마음, 모든 번뇌 망상 그 자체가 부처님의 향기임을 가르치는 부처님의 말씀이다. 묘는 '오묘하다'는 의미와 '바르다'라는 뜻이 포함되어 있으며 이를 합친 '묘법'은 참된 바른 법을 뜻하고 '연화'는 연꽃, 경은 '진리'이다. 따라서 '묘법연화경'은 '참되고 바른 법인 연꽃의 진리'라는 의미가 담겨 있다.

108산사순례를 나서는 우리 회원들은 진흙 속에서 꽃을 틔우는 한 송이의 연꽃과 같다고 한다면 과장된 표현일까? 여기에서 진흙은 탐욕·욕심·어리석음을 일컫는 삼독三毒의 상징이며 연꽃은 고통의 순간인 삼독을 온전히 이겨내고 아름다운 꽃을 피워내는 보살의 마음을 나타낸다.

우리 회원들은 지난 5년간 비가 오나 눈이 오나 바람이 부나 단 한 번도 빠짐없이 순례를 나서 부처님을 친견하고 보현행원의 길을 실천했다. 그리하여 새로운 포교문화의 꽃을 피워 내었다. 우리 108산사순례기도회는 바로 《묘법연화경》에 담긴 내용처럼 '참되고 바른 진리의 길을 찾아 하얀 연꽃을 피워내는 순례기도회'라고 할 수 있다. 그러므로 우리 회원들은 모두 연꽃이며 보살인 것이다.

서울에 사는 한 회원은 108산사순례를 다니고부터 진정으로 가정의 화목을 찾았다고 한다. 포커레인 기사인 남편은 비정규직으로 인해 일이 들쑥날쑥해 생활이 안정되지 않아 늘 남편에게 불만이 많았다고 한다. 더구나 고등학교에 다니는 두 아이조차 공부에 관심이 없었다.

그런 삼년 전 어느 날 이 회원은 지인의 소개로 우연히 108산사순례에 다니게 되었다. 처음에는 그저 골치 아픈 집안을 벗어나 바람이라도 쏘이려고 가입했던 것이다. 그러나 차츰 한 달 두 달 지나고부터 모든 고통의 원인이 자신에게 있음을 알았다. 매사에 남편과 아이들에게 짜증을 쉽게 내는 자신을 발견했던 것이다. 그러다보니 가족들도 덩달아 자신에게 온갖 화를 내었다. 그 보살은 108산사순례를 와서 가족을 위해 부처님께 진심으로 기도를 드리고 집에서는 매일 108기도를 시작해 천 일 회향기도를 했다.

처음에는 반신반의를 하던 남편도 지극정성으로 기도를 하는 아내의 모습을 보고 생각을 바꾸었다. 남이 찾아주기만을 바랬던 남편은 오히려 공사장을 찾아가거나 지인들에게 일일이 일자리를 부탁했다. 그러니 자연히 수입도 늘어났다. 아이들도 "우리 어머니가 나를 위해 이토록 지극정성으로 기도를 하는데 열심히 공부를 해야겠다"는 마음이 들었다는 것이다. 그리하여 큰 아이는 열심히 공부를 해 무난히 대학에 합격을 했다고 한다. 그래서 산사순례에 참석한 3년간은 참으로 자신의 인생을 바꾸는 큰 계기가 되었다고 한다. 그래서 지금도 빠짐없이 산사순례를 다니고 있다.

그 회원은 108사산순례를 다니고부터 세 가지를 얻었다고 했다. 첫째, 아만에 찬 자신을 발견하고 이를 고쳐 겸손과 하심下心을 얻었으며 둘째, 잘못된 일은 항상 자신의 탓으로 돌려 남편과 아이들에게 아내와 어머니의 참모습을 보여주었으며 셋째, 기도 생활이 건강에 좋다는 것이다. 그 후 남편도 가끔 108산사순례에 함께 다니거나 절에 기도를 하러 다닌다고 한다. 이렇듯 108산사순례는 많은 것을 던져준다. 부처님 재세在世시 유마거사는 '중생이 아프면 보살도 아프다'고 했다. 이는 중생이 병을 앓고 있으면 그들을 구하려고 보살도 앓고 반대로 중생의 병이 나으면 보살의 병도 사라진다는 뜻이다.

 108산사순례에 다니는 회원 한 사람 한 사람은 모두 보살이다. 그리고 가족들은 중생이다. 보살이 지극정성으로 기도를 하면 중생인 가족들이 가진 모든 근심과 시름, 그리고 병도 나을 수가 있다. 연꽃이 진흙 속에서 아름다운 꽃을 피워내듯 회원들이 열심히 산사순례에 나와 기도를 하다보면 어느새 부처님의 가피를 듬뿍 받을 것이다.

5천여 회원이 만들어낸
새로운 신행문화

제57차 '108산사순례기도회' 법석이 6월9~11일 천년고찰 경주 불국사에서 열렸다. 삼일 연속 초여름의 날씨로 인해 서 있기만 해도 땀이 날 정도였지만, 회원들은 입정과 천수경을 외고 부처님 전에 열심히 108기도를 올렸다. 경주 불국사는 세계문화유산으로 유네스코에 등재되어 있는 곳이어서 매일 수천 명의 국내외 관광객이 찾는 곳이다. 어릴 적 수학여행을 오고는 두 번째로 불국사에 왔다는 보살님도 있었고, 아름다운 경주 불국사에 와서 정말 행복하다는 보살님들도 있었다.

이 날 불국사에는 관광을 온 외국인들도 있었는데 그들은

5,000여명의 회원들이 대웅전 앞에서 장엄한 기도를 하는 광경을 보고 신기한 듯 여기저기에서 카메라에 사진을 연신 담고 있었다. 그들의 눈에는 동양의 이러한 문화가 이슬람의 성지순례, 티베트의 오체투지처럼 매우 신성하게 보였을 것이다. 이렇듯 산사순례는 새로운 신행문화를 만들어 내고 있다.

'108산사순례기도회'가 많은 이들에게 자비 나눔의 모범적인 신행단체로 주목받고 있는 것은 회원들 개개인이 가진 돈독한 신심 때문이다. 한 달에 한 번씩 찾아오는 신행信行 길을 빼먹는다는 것은 회원들에게 있을 수 없는 일이다. 그래서 에피소드도 많이 생긴다. 이번 순례에서 발생한 한 보살님의 이야기도 매우 재미있다.

"스님, 경주 불국사는 어릴 적 수학여행을 와 보고는 그동안 생활에 파묻혀 와 보지도 못했지요. 그래서 이 날을 무척 기다렸는데 그만 늦잠을 자고 말았습니다. 아침에 고등학교 아들 녀석이 먼저 일어나 엄마, 108산사 안가? 하고 흔들어 깨웠는데 아뿔싸! 시간을 보니 이미 늦었어요. 그래도 뒤늦게나마 깨워준 아들 녀석이 매우 고마웠어요. 나는 헐레벌떡 서울역으로 달려가서 KTX를 타고 경주로 왔습니다. 그래서 무사히 염주한 알을 더 꿰게 되었습니다." 나는 이 말을 듣고 "그래 보살님은 염주 한 알 더 꿰기 위해 왔나요?" 했더니 "스님, 기도도 하고 포대화상 같은 우리 스님 얼굴도 보고 염주도 받고 얼마나 좋아요."하고 되받아 쳤다. 한바탕 웃음꽃이 피었다.

　이 보살님뿐만이 아니라 그날 KTX를 타고 온 회원들이 서너 명은 더 되었다. 회원들에게 있어 108산사순례는 자기와의 약속이며 또한 부처님과의 약속이다. 세상사 살다보면 집안에 바쁜 일이나 부득이하게 제 날짜에 못갈 때도 있다. 몸이 아프거나 집안에 큰일이 있을 때는 어쩔 수 없다. 그러나 회원들은 천재지변이 일어나지 않는 한 반드시 순례에 참석하려고 무진 애를 쓴다. 그런 모습을 보면 정말 마음 흐뭇해진다. 이번 산사순례는 여러모로 좋은 의미를 많이 남겼다. 불국사 주지 성타 스님은 이튿날에는 대웅전을 통하는 청운교·백운교를 개방해 회원들이 그곳을 통과할 수 있게 만들었다. 삼일째는 부처님 진신사리를 모시고 청운교 백운교를 통과하여 바로 대웅전에 갈 수 있도록 배려해주셨다. 청운교·백운교는 파손될 우려 때문에 평소에는 절대로 개방하지 않는 곳이다.

　"108산사순례기도회 회원들은 타 순례단체와는 달리 기도중심의 신행단체이며 실로 보현행원의 길을 실천하는 단체임을 알았다. 그들에게 작은 배려를 해주고 싶었다. 청운교·백운교는 청와대의 귀빈이 와도 개방하지 않았던 곳이지만 우리 108산사 보현보살님들은 청운교·백운교를 지나 대웅전의 부처님을 친견하게 하고 싶었다. 금강경 이상적멸분離相寂滅分에 보면 부처님께서 '5백년 후 선남자·선여인이 이 경을 능히 수지 독송하면 곧 여래가 부처의 지혜로써 이 사람을 다 알고 다 보아 모두 무량무변한 공덕을 성취하게 될 것이다.'라는 구절이 있다. 그 선남자·선여인이 바로 108산사순례 회원들인 것 같다."

성타 스님은 포교일선에서 제 2대 포교원장을 역임하신 분으로서 포교의 중요성을 누구보다도 중히 여기신다. 부처님이 말씀하신 '오백 년 후 나타날 선남자·선여인이 바로 108산사순례회원들이다'라는 엄청난 칭찬을 해주셨던 것이다. 더 열심히 그리고 더 소중하게 순례를 여법하게 행하라는 격려의 말씀으로 받아들이고 싶다.